百分百货币

〔美〕欧文·费雪 著
蒋 豪 贺一杭 译

100% Money

商务印书馆
The Commercial Press

Irving Fisher
100% MONEY
Copy right 1935, by the Adelphi Company, revised edition, 1936
本书根据美国纽约阿德尔菲公司 1936 年修订版译出

译 者 序

欧文·费雪（Irving Fisher, 1867—1947）较早地认识到货币在经济问题中的重要性，他的核心研究领域就是金融，涉及货币、信用和利息等基础理论，费雪货币方程式可谓其主要理论的一个象征。因此，他堪称货币主义或货币学派的先驱。

上世纪20年代，费雪发动了一场赞成活期存款100%准备金的改革运动，1935年出版的《百分百货币》是这一运动的高潮。本书英文原版有一个很长的副标题：旨在保持支票银行100%的流动性；避免通胀和通缩；极大程度防治经济萧条；消除大部分国债。这个副标题点明了费雪写作本书的目的，即通过他提出的100%货币主张，来解决货币、金融领域的难题，最终解决一般性的经济和财政顽疾——经济萧条和政府债务。

费雪100%准备金货币制度的主要理论和政策主张如下。

首先，费雪确实看到了泡沫-萧条周期循环的真正根源，在于货币和信用出了问题。他在这方面的一系列论述直击痛点，逻辑严密，比喻恰当，精彩给力。

费雪告诉读者，银行制度起初就是100%准备金制度。"最早的银行制度似乎就曾是100%准备金制度。它起源于将黄金和其他贵重物品存放在金匠或其他有安全保管设施的人那里的习俗。这样存放的黄金和其他贵重物品是通过一种叫作'银行货币'的纸质凭证来转移的,而这种凭证实际上就是支票。只要100%的黄金保存在金库中,这个旧系统显然就是100%货币制度,就像本书建议的那样。"(p.33*)

他看到,产生周期性泡沫和萧条的根源在于广义货币存在问题,而作祟者正是活期存款。活期存款和铸币、纸币一样起到流通媒介的作用。由于当下的部分准备金制度(费雪以10%制度称之),活期存款总量可以倏大倏小,会进一步误导投资。这一局面严重干扰了经济生活,是经济泡沫和萧条的根源。费雪指出,"允许银行发行这些提供货币服务的账面信贷,与允许它们像'野猫钞票'时期那样发行纸币,这两者之间几乎没有什么实际区别。实质上同样都是不健全的做法"(p.8)。

他用简单的类比,来说明10%准备金制度之荒谬悖理:"如果两方不是银行和个人,而是个人和个人,那么他们就不能通过贷款业务来使流通媒介膨胀,原因很简单,即贷方不能像银行一样把自己没有的东西借出去,而银行却可以并且这么做了。一个人不能从他的钱包里借出10美元,除非他的钱包里有那么多钱可以借出。如果他把钱借给别人,钱就不在他的钱包里了。他不能将10美元放在钱包里,而先后将其借给十个不同的人,只是承诺每个人需要时为其提供10美元贷款。"(p.45)他认为,银行"除非有钱用于放贷,否则就不能放贷;即银行不能再无中生有地创造货币过度放贷,从而导致通货膨胀和一场泡沫"(p.17)。

---

* 指英文版页码,见本书边码,下同。

在所谓现代货币理论（MMT）面世前 80 年，费雪就指出并批评了其"贷款创造存款"的谬误："大多数存款都是以上述那种奇怪的方式——贷款——产生的。有时，少量实际的现金从一个方向或另一个方向流经出纳员的窗口——或被借走并实际取出，就像工资单一样；或存入银行，就像有现金业务的零售商店一样。但通常，在典型和大多数情况下，活期存款是由贷款产生的，就像假想中的例子一样。换句话说，在银行的帮助下，大约十分之九储户的存款是凭他们自己的承诺构成的。"（p.41）"客户认为他已经从银行获得了一笔事先存在的货币，然后将这笔钱存入银行。他没有意识到，他存入银行的'货币'实际上是由银行从他的贷款——他自己的债务——中创造出来的。他帮助银行制造货币，这种货币制造不仅关系到他自己和银行，而且关系到整个国家。"（p.43）

"正如支票货币是由产生的贷款制造的，支票货币也是由偿还的贷款销毁的。在这两种情况下，公众利益都受到了影响。"（p.44）较少的准备金，以及由此产生的活期存款与贷款之间的联系，构成了美国银行制度的重大缺陷：

"(1) 10% 制度将支票货币与银行贷款（和投资）联系起来。

(2) 这种制度和这种联系导致银行挤兑和破产。

(3) 随着银行贷款（和投资）的膨胀或收缩，它们还会导致美国的主要货币（支票货币）的膨胀和紧缩。

(4) 银行贷款膨胀和紧缩以及支票货币膨胀和紧缩，是造成经济大泡沫和大萧条的主要原因。"

因此，"我们有理由说，10% 银行体系是我们最近经历的可怕灾难的主要加剧因素"。（p.48）

成立于1914年的美国联邦储备体系目的在于修正部分准备金制度的故障，不过费雪认为，美联储不仅没有缓解部分准备金的问题，反而使之更加严重。

"根据成员银行所在地的不同，法律规定这些准备金至少相当于公众在成员银行存款的7%、10%或13%。法律要求联邦储备银行对成员银行的存款保持35%的准备金。只有这种准备金——由储备银行保存的准备金——必须是现金或无记名货币。'合法货币'是更正式的法律表达……简而言之，在小城镇，支票存款只需要有2.5%的现金储备（即35%的7%）。同样地，一个有10万美元存款的中型城镇的银行必须在联邦储备银行中保留1万美元的存款作为准备金，而联邦储备银行则保留3,500美元的现金或10万美元存款的3.5%作为准备金。对于大型城镇，需要的现金为35%的13%，约为4.5%……

"因此，我们美国的活期存款制度，在本书中我们称之为'10%'制度，比字面意义上的'10%'制度要糟糕得多。根据我们的联邦储备法，它实际上是一个2.5%、3.5%和4.5%的制度！此外，就准备金而言，它比联邦储备体系建立之前还要糟糕。当时的想法是通过集中银行准备金来提高其安全性。但这一增加的安全因素后来被降低准备金要求所抵消。"（pp.49-50）

其次，费雪提出活期存款需要100%准备金制度，废除部分准备金制度。

"在100%制度下，定期存款将吸收储蓄并相应地扩大贷款，与当前完全一样。但是活期存款的运作方式有所不同。也就是说，任何存入支票账户的货币都将留在这里，而不会被借出。流通媒介不会被这种存款扩大,而只会被重新分配。贷款会随着储蓄的增加而增加,但流通媒介不会随之增加。新的贷款资金将来自储蓄,而不再是无中生有——也就是说,将不再双重使用活期存款。"(p.91)费雪认为,100%制度不会使银行贷款减少,在100%制度下,银行贷款扩张与活期存款扩张无关。

费雪认为,将政府债务与货币捆绑在一起是荒谬的。他认为,自己的100%货币计划能够消除大部分国债。

"内战给了我们一种'以债券来担保的'国民银行券货币。为了发行银行券,银行必须持有等值的美国政府债券。因此,这些银行券随着政府债务的扩大或缩小而相应地扩大或缩小。结果,随着我们的国债逐渐得到偿还,这种货币的数量逐渐减少,完全不考虑国家对货币的需要。直到今天,我们的国民银行券货币仍然与某些形式的政府债务捆绑在一起。

"这样的捆绑是没有逻辑的。政府应该能够偿还债务,而不破坏性收缩该国的银行券货币。"(p.176)

对于百分百制度给经济带来的益处,费雪充满自信。

"在100%制度下,国家的发展和商业的增长,不再受到经济泡沫和萧条的巨大冲击,平均增长速度很可能会比现在快得多。而银行将分享这种额外的繁荣。它们的总业务量最终会远远超过现在的业务量。

"国家的发展将主要体现在储蓄和投资的增长上,而这两者(储蓄和投资)将比现在更接近同义词,因为它们之间的对应关系不会像现在这样受到如此多的干扰——也就是说,在泡沫时期会受到没有储蓄保障的贷款的干扰,而在萧条时期则会受到代替投资性储蓄

的贮藏性储蓄的干扰。"(p.111)

费雪认为,存款保险只是一个临时的权宜之计,而且具有道德风险,100%准备金制度才是最好的存款保险。"经验表明,通过鼓励粗心的银行业务,对存款进行保险通常会增加承保风险。就是说,银行容易过分依赖于风险保险,以致放松先前规避风险的直接努力,特别是如果直接努力的成本很高……100%制度将为它们节省成本。没有比100%准备金更好的存款保险了。"(pp.161-162)

第三,关于100%准备金的具体含义,什么是严格意义上的货币。

费雪认识到活期存款应该有100%的准备金,即背后要有真正的货币,或银行拥有的金融资产至少能够随时转化为货币,从而为活期存款提供100%的准备金。但是,费雪认为,发行货币是一种固有的政府职能。这就涉及活期存款背后的准备金究竟是什么,或者说什么才是真正的货币,这个根本问题解决不当,前面付出的努力就有可能会竹篮打水一场空,最后仍是泡沫-萧条循环依旧。

按照费雪的方案,政府(货币委员会)发行或收回货币主要是通过买卖资产进行的。"从理论上讲,委员会可以买卖任何可以买卖的东西,从而可以得到同样的稳定结果。但根据所处理的资产不同,对个别价格的相对影响是不同的,特别是直接影响。对利率的影响也是如此。允许不加区别地处理所有事物,实践中也会有一些明显的异议。通常,理想的资产可能是短期的联邦政府证券以及外汇和贵金属。"(p.112)也就是说,在费雪所主张的货币背后是政府债券、外汇和贵金属。

费雪当然知道100%货币并不能消除所有的经济波动,但是却可以消除泡沫-萧条这个最严重经济波动的人为根源。

那么，本书的主张能否达到作者的目的？我们可以对比费雪的100%货币理论与真正健全的货币理论（以奥地利经济学派学者米塞斯为代表），来分析这个问题。

费雪100%货币理论的前两项主张与奥派经济学家不谋而合，即周期性泡沫-萧条的根源在于广义货币出了问题，部分准备金制度下的活期存款严重干扰了经济生活；其次，活期存款需要100%准备金加以保障。仅从这两点来说，费雪也可谓是奥派经济学家。

然而当理论落实到政策层面时，费雪第三个方面的主张，即关于货币应该如何产生、什么是最严格意义的货币，却与奥派经济学家出现了严重分歧。

费雪认为，货币是价值的标准，货币职能是政府的固定职能，如同政府在重量、长度的标准方面履行的职责。奥派则认为，货币是市场的产物，货币就是充当一般交易媒介的最适销的商品。在市场、历史、文化、传统的作用下，贵金属黄金和白银，尤其是黄金，成了世界范围内最主要的货币。价值是主观的，产生于个人对不同财货的比较。对于交易的买者和卖者而言，交易的两种商品并不是等价的，到手商品的价值总是大于出手商品的价值。人的欲望在变，需求在变，不同商品的价值关系（对于个人的相对重要性）也在变。追求不变的价值标准是没有意义的。

费雪认为，"理论上100%制度完全独立于任何特定的货币政策。它不需要与稳定政策相结合，如同无须与通货紧缩或通货膨胀政策相结合"（p.96）。但他同时认为，随着经济的发展，货币总量应适当增加，否则价格水平可能会持续下降。出于对一个稳定价值标准的追求，费雪力主实行某种稳定的指数本位货币。

"假设将100%计划与货币稳定化政策相结合,将需要什么稳定标准呢?这里提出的标准是瑞典采用的生活成本固定指数。选择这一标准的一个原因是,生活成本的上升或下降对每个人来说实际上是一样的;而批发指数的上升或下降对不同的个体有不同的含义——依他们各自生产的批发商品而定。每个人都消费很多东西,但在现代条件下,他只生产很少的东西。像瑞典这样的生活成本标准将比以前尝试过的任何标准(例如黄金或白银)好得多。"(pp.96-98)

"最理想的标准似乎应该是满足债务缔约双方的合理预期的标准;而且,从根本上讲,如果双方当事人的合理预期得到满足,公正贷款合同就最好地实现了。此外,在债务方面能产生最令人满意的结果的标准,可能在利润和就业方面也能产生几乎最令人满意的结果,如同在价格结构方面,即在快速变动和缓慢变动的价格之间,也能产生几乎最令人满意的调整。"(p.97n)

然而,费雪追求的这种不变的价值标准只是"水中月、镜中花",且不说这种指数本位本身主观成分很大(纳入统计篮子的商品种类及其权重都是主观设定),政府有可能加以操纵,为使政绩好看而长期实施实际上的通胀政策(表面上价格指数或通胀指数维持不变或温和增长);即使假设这种指数是完全客观的,根据指数变化调整货币政策的时机、政策的轻重也都是主观的,经常滞后于经济状况,往往不是熨平波动,反而是制造波动,使100%活期存款准备金前功尽弃。

费雪对于黄金的地位和作用的看法,与其指数货币的主张密切相关。"价值的稳定性今后不能在黄金的可兑换性中寻求,因为黄金是非常不稳定的,而这种无限的黄金可兑换性只会使它更加不稳定。我们必须按照明确规定的规则来管理我们的货币,以寻求价值的稳定。"(pp.188-189)"使用纸币或货币委员会信用的100%制度将与使用黄金的100%制度一样有效,并且麻烦和笨拙程度也将更少,因为如上所述,不记名货币的可兑换性正是我们现代社会所需要的那种可兑换性——而不是可兑换成黄金饰品。价值的最终标准并不取决于一种商品(黄金),而是取决于所有商品,以货币委员会采取行动来稳定的指数表现出来。黄金剩下的唯一货币用途是充当不同国家货币之间的桥梁,以促进国际结算。"(p.192)

费雪关于其100%货币主张能够消除大部分国债的观点,是自相矛盾的。

"如果将来有一天,整个国家的债务都还清了,那又会怎么样呢?此后,为了抵消新的通货紧缩,货币委员会是否有义务为了使新的委员会货币流通而获得私人公司债券或其他财产,身不由己地成为美国的私人财富增加份额的所有者?绝对不会。为了方法和会计上的一致,更简单的做法是,由货币委员会购买新发行的政府债券或其他政府债务,财政部和货币委员会之间的利息相互抵消。"（pp.207-208）

本来,100%货币的一个目的就是将货币从其与国债的捆绑中解脱出来。费雪没有看到,其指数货币的性质本身就决定了与债务(主要是政府债务)脱不了干系。旧的政府债券还清后,出于货币政策需要,仍会发行新货币,费雪的方法仍是"由货币委员会购买新发行的政府债券或其他政府债务",这样,货币永远与国债挂钩,永远还不清,人民除了税收之外,等于又被国家搜刮一层。

虽然费雪在最终解决方案上未找到真正科学的方法,但作者前半部分对部分准备金问题的分析可谓一针见血、精彩纷呈，提出的解决方向也没错。费雪的后半部分理论和具体政策建议却是错误的，而恰恰是这一部分内容被政府所接受，指导了美联储的运作，并成为各国央行的操作指南、行动手册。例如，费雪在书中设想了一个履行货币职责、控制货币发放和收回的中央机构——货币委员会，"自从本书第一版出版以来，1935年《银行法》已经使公开市场委员会几乎成了这种中央机构"（p.213）。费雪的这部分理论和政策建议直到今日对理论界和货币当局都有着巨大影响。

由此可见，费雪的货币理论与奥派货币理论只是部分重合，他没有意识到自己推荐的方法无法达到自己设定的目标。他提出的解决手段——指数本位货币——本身就是一个无效的方法，是一个空中楼阁，不仅无法实现，反而是引发新的通膨和通缩的根源，造成今后的经济危机——因为货币当局不是上帝，不可能提前精确明了货币政策的后果，既可能为了刺激或恢复经济"大水漫灌"，又可能为了遏制通胀或给经济降温而"乱用虎狼药"。因此，费雪的100%货币理论只是一种不彻底的健全货币理论。

了解掌握费雪的货币理论，明白其缺陷后，我们也就毫不奇怪地看到，依靠自己理论的指导，费雪对经济前景的预测会犯错误，大萧条时期他自己在股市上亏得一塌糊涂，导致个人破产，最后要靠耶鲁大学的救济度过残年。

当然，费雪货币理论中的"跛足"部分，并不能掩盖其另一只"健全之足"，他对部分准备金货币制度的批评是针针见血、完全有效的，并指出了100%准备金是正确的方向。这恐怕就是本书在今天的意义所在。

目 录

第二版序 …………………………………………………………… 1
第一版序 …………………………………………………………… 3
一位银行家的前言 ………………………………………………… 10

第一部分 纲要

第一章 概述 ……………………………………………………… 17
　　引言 ………………………………………………………… 17
　　提案 ………………………………………………………… 21
　　优势 ………………………………………………………… 23
　　异议 ………………………………………………………… 25
　　结论 ………………………………………………………… 28
第二章 法规大纲 ………………………………………………… 30
　　固定货币总供给 …………………………………………… 30
　　固定人均货币供给 ………………………………………… 32
　　固定货币购买力 …………………………………………… 32
　　其他标准 …………………………………………………… 33
　　妥协形式 …………………………………………………… 34
　　类似英格兰银行 …………………………………………… 36

第二部分 100%制度如何工作

第三章 准备金问题 ·· 41
阿姆斯特丹银行和旧100%制度 ·························· 41
贷出准备金的十倍 ·· 43
不是现金的"现金" ·· 47
销毁"支票货币" ··· 49
以小博大的银行业 ·· 50
10%制度的本质缺陷 ··· 51
联邦储备体系作为补救措施 ································ 52
准备金一直起伏不定 ··· 55
支票货币逃避对纸币的准备金限制 ······················ 56
当前的准备金问题 ·· 58
存款比纸币需要更多的准备金 ···························· 59

第四章 100%制度如何进行存款 ······················ 61
引言 ·· 61
100%制度运行的第一天 ···································· 62
说明性资产负债表 ·· 63
基础数据 ··· 66
第一天之后的存款操作 ······································ 67
在10%制度下取款 ·· 69
表格说明 ··· 72
现金争夺战 ·· 75
在10%制度下存款 ·· 76

第五章　100%制度如何进行贷款 ································· 78
　100%制度不会使银行贷款减少 ································· 79
　短路 ··· 81
　在100%制度下银行贷款扩张与活期存款扩张无关 ······· 83
　结论 ··· 87

第六章　在100%制度下货币管理如何进行 ····················· 89
　稳定的标准 ··· 89
　通货再膨胀 ··· 91
　三重程序 ·· 92
　流通速度控制 ·· 93
　10%制度相对难以管理 ··· 94
　100%制度易于管理 ··· 98
　买卖什么 ·· 100
　100%制度与一场大战 ·· 100
　总结 ··· 102

第三部分　100%制度的意义

第七章　泡沫与萧条 ·· 107
　引言 ··· 107
　债务和通货紧缩的作用 ··· 108
　债务与通货紧缩相互加剧 ······································ 111
　过度负债是什么？ ··· 112
　以1929—1935年大萧条为例 ·································· 113
　债务起因 ·· 115

四个心理阶段 ………………………………………………… 116
  结束语 ……………………………………………………… 117
第八章 对商业的意义 ………………………………………… 119
  "通融"商业 ………………………………………………… 119
  通融的成本是什么 ………………………………………… 120
  10%制度扭曲利率 ………………………………………… 122
  100%制度通过顺其自然的利率来促进贷款均衡 ………… 123
  逐步降低利率 ……………………………………………… 126
  延长贷款 …………………………………………………… 127
  少贷款多投资 ……………………………………………… 129
  总结 ………………………………………………………… 130
第九章 对银行业的意义 ……………………………………… 131
  补偿商业银行 ……………………………………………… 131
  计算合理的补偿 …………………………………………… 133
  补偿联邦储备银行 ………………………………………… 135
  "浮存" ……………………………………………………… 136
  银行券背后的100%准备金? ……………………………… 136
  存款保险 …………………………………………………… 137
  分支银行 …………………………………………………… 138
  100%制度下的小镇存款业务 ……………………………… 138
  防止将来的规避 …………………………………………… 140
  定期存款的风险 …………………………………………… 140
  这一变革将有利于银行业 ………………………………… 144
  银行家们在想什么 ………………………………………… 144

第十章 商业和银行业中不合理的观点 ····· 146
  10%制度更容易获得贷款的观点 ····· 146
  将存款与企业债务捆绑的观点 ····· 149
  商业扩张必然提高价格的观点 ····· 151
  萧条中货币充裕的观点 ····· 153
  把货币和可贷货币混为一谈 ····· 154
  关于通货再膨胀的观点 ····· 155
  货币管理应交给银行的观点 ····· 155
  "黄金是最好的本位"的观点 ····· 156
  关于赎回的观点 ····· 156
  黄金和纸币谁更稳定 ····· 158
  可以提供100%黄金准备金 ····· 160
  低准备金是一种节约的观点 ····· 161
  美元永远不变的观点 ····· 163
  任何商品的价格只由其自身供求决定的观点 ····· 164
  混淆价格与价格水平 ····· 165
  总结 ····· 165

第十一章 对政府的意义 ····· 167
  100%制度不是政府从事银行业 ····· 167
  关于美联储 ····· 169
  货币委员会就像最高法院 ····· 170
  对国债的影响 ····· 171
  还清政府债务后,会发生什么? ····· 171
  这个工作量太大吗? ····· 173

  操纵 ··· 173
  "华尔街"管理 ··· 176
  不是万灵丹 ··· 177
  资本主义制度 ··· 179

附录一 参考文献 ··· 181
附录二 两位银行家的评论 ··· 185
附录三 银行家们经常反对他们自己的利益 ························· 192
附录四 1935年《银行法》修正案 ····································· 193
附录五
  安杰尔教授论100%准备金观点 ······································ 195
  安杰尔教授文章摘要 ··· 196
索引 ·· 202

第二版序

本书第一版出版后，1935年《综合银行法》通过了。这可谓代表着向本书所言的100%准备金观点迈进了一步。根据此法，尽管成员银行的准备金暂时无法达到100%，但它们可以提升到现行准备金的两倍。这一条款至少提供了一个对抗通货膨胀的武器，由于支票货币的存在，通货膨胀的危害最近大大增加了。但是，尽管支票货币的体量大幅增长，它至今尚未增长太过。事实上，正是这一增长正在使我们走出经济萧条。不过，如果这个增长不能被控制，它可能导致超出经济复苏的不健康泡沫。正如我所言，这一步骤的设置，是为防止大量超额准备金之下的泡沫。提高准备金率，如新法许可的那样，将会减少这种超额。如果准备金率能够提升到100%，那将不存在超额。但是允许这样做的提案在参议院银行与通货委员会论辩激烈。

另一方面，新法接近了此处提出的计划。它为公开市场操作设置了更多确定的和集中的机制。但是，新的公开市场委员会过于笨拙，其成员除了有决定采取何种公开市场操作手段的责任外，还有太多责任。但是，一旦人们普遍认识到公开市场委员会几乎拥有"管理"我们货币系统的所有权力，它可以很容易转变成本书所述的"货币委员会"。它将具有最高法院的地位，可以说是最高货币法院。

第一版的接受程度比我大胆期待的更令人满意，即使在银行家群体中也是如此，而以往他们的第一反应就是反对。但是，即使缓慢得令人痛苦，银行家们也朝着100%货币的方向取得了一些进展。国外新闻报道，作为德意志帝国银行总裁和一位精明的银行家，亚尔马·沙赫特（Hjalmar Schacht）博士正试图按照100%准备金的方案改革德国银行体系。他认为，这对于正确控制和运作银行系统至关重要。此外，德国邮政支票系统在100%准备金基础上多年来运行得非常出色。

德国和英国也都有趋向于收取服务费的想法，这是本书所推计划的特点之一。在美国，几乎所有银行都以粗略的方式应用了这一想法。此外，纽约国民安全银行副行长埃弗龙（Efron）先生，率先将该计划运用于小额存款领域，并取得了巨大的成功。

新版完全重写和重编。第二章变化最大，原因之一是为了更清楚地表明，拟议的改革实质上与英格兰银行根据罗伯特·皮尔（Robert Peel）爵士力推的1844年《银行法》所进行的银行券改革类似。

在第二版付印之时，我阅读了哥伦比亚大学的詹姆斯·W.安杰尔（James W. Angell）教授撰写的一篇有关100%准备金计划的有力文章。我认为，它提供了100%准备金计划的一些改进，具有极大的实际意义。因此，我在附录五中引用了他的结论。

欧文·费雪
耶鲁大学
1936年1月

第一版序

"100%货币"提案,即将活期存款的准备金要求从10%左右提高到100%,乍一看似乎令人吃惊。但是历史事实是,存款银行业务最开始就是要求100%的准备金。

现在复兴这种古老的100%准备金体制,并根据现代条件的要求重新调整,将有效抑制在现行体系中容易发生的通货膨胀和通货紧缩。也就是说,实际上将阻止我们成千上万的商业银行像许多私人铸币厂那样不负责任地创建和销毁流通媒介。由于这些以及其他原因,即使对于银行家来说,100%准备金制度也是一个巨大的福音。

少数银行家认识到这是对的,他们研究了当前运行制度产生的经济影响,认为100%准备金制度将在很大程度上把他们从大萧条中解救出来。

这些银行家中的一些人对本书的撰写提供了帮助。我尤其要分别感谢圣路易斯广场银行行长F. R. 冯·温德格(F. R. von Windegger)先生和副行长W. L. 格雷戈里(W. L. Gregory)先生。他们俩都阅读了前后两个手稿。尽管起初他们对该计划的价值表示怀疑,但经过进一步研究,他们已完全认可该计划。

我还要感谢其他许多银行家,他们阅读并批评了手稿的某些部分，但是，至今并不是所有银行家都接受本书的结论。

那些同意100%原则的银行家中有乔治·勒·布朗（George Le Blanc）先生，他在纽约公平信托公司与大通国民银行合并之前曾是前者的副总裁，据我所知，他是威尔逊总统聘请的第一位联邦储备委员会理事。亚特兰大联邦储备银行前信贷经理罗伯特·H.亨普希尔（Robert H. Hemphill）先生告诉我，他多年来一直倡导100%准备金原则。亨普希尔先生慨然为本书提供了一个前言，附录二摘录了冯·温德格先生和格雷戈里先生的来信，银行家们应该对这两部分内容有特别的兴趣。同样，在联邦储备银行拥有长期银行业务经验的欧文·B.奥尔特曼（Irving B. Altman）先生多年来一直赞成100%准备金的想法。罗伯特·D.肯特（Robert D. Kent）先生是新泽西州帕塞伊克商人银行的前行长，他是一位有着50多年工作经验的银行高管，他制定了《奥尔德里奇-弗里兰法》的原则框架，长期以来一直赞成稳定货币并支持100%准备金计划。

我还对一些经济学家心怀感激，尤其是亨利·C.西蒙斯（Henry C. Simons）教授、亚伦·迪雷克托（Aaron Director）先生、弗兰克·H.奈特（Frank H. Knight）教授、加菲尔德·V.考克斯（Garfield V. Cox）教授、劳埃德·W.明茨（Lloyd W. Mints）教授、亨利·舒尔茨（Henry Schultz）教授、保罗·H.道格拉斯（Paul H. Douglas）教授、A. G.哈特（A. G. Hart）先生，以及芝加哥大学一个小组的其他成员，本书中的很多想法都是我最初从这个小组关于100%准备金计划的"备忘录"中获得的。特别是西蒙斯教授无私地花费了大量时间，与我磋商并审阅了手稿的部分内容。

其他许多对我有特别帮助并且赞成100%原则的经济学者包

括：哈佛大学的劳克林·柯里（Lauchlin Currie）博士，现就职于联邦储备委员会，他最近出版的《美国货币供应与控制》一书中已谈到这个问题；H. H. 埃德米斯顿（H. H. Edmiston）先生，也在联邦储备委员会工作；普林斯顿大学的理查德·A. 莱斯特（Richard A. Lester）先生；普林斯顿大学的弗兰克·D. 格雷厄姆（Frank D. Graham）教授；威斯康星大学的约翰·R. 康芒斯（John R. Commons）教授；布鲁金斯学会的 C. O. 哈代（C. O. Hardy）教授；宾夕法尼亚大学的 F. 西里尔·詹姆斯（F. Cyril James）教授；纽约大学的威尔福德·I. 金（Wilford I. King）教授；宾夕法尼亚州银行业秘书、宾夕法尼亚大学路德·A. 哈尔（Luther A. Harr）教授；前国际劳工局科学方法和结果司司长罗亚尔·米克（Royal Meeker）博士；顾问经济学家、哈佛大学前教授沃伦·M. 珀森斯（Warren M. Persons）博士；作家罗伯特·艾斯勒（Robert Eister）博士；标准统计公司前职员沃尔特·阿德里安斯（Walter Adriance）博士；前参议员罗伯特·L. 欧文（Robert L. Owen）；尊敬的 T. 艾伦·戈尔兹伯勒（T. Allen Goldsborough）；尊敬的赖特·帕特曼（Wright Patman）；美国财务总监协会主席兼利哈伊市波特兰水泥公司财务总监 J. 卡尔文·舒伯格（J. Calvin Shumberger）先生；汉斯·R. L. 科尔森（Hans R. L. Cohrssen）先生，他协助我撰写了《稳定货币运动的历史》一书；农业调整署高级经济学家埃德温·纽迪克（Edwin Newdick）先生；健全货币联盟执行秘书 H. B. 布鲁厄姆（H. B. Brougham）先生；惠好纸品公司纸浆部经理罗伯特·B. 沃尔夫（Robert B. Wolf）先生；芝加哥第一国家品牌公司总裁威廉·C. 麦克里里（William C. McCreary）先生；投资专家罗伯特·W. 波默罗伊（Rober W. Pomeroy）先生；帕克、布雷登和阿姆斯特德公司的斯普瑞尔·布雷登（Spruille Braden）先生；汽车发明人查尔斯·E. 杜里埃（Charles E. Duryea）先生；研究学者理查德·A. 斯塔德曼（Richard A. Staderman）先生。

为了从各个角度获得批评意见，并通过这样的批评意见来检验该计划的每个特征，这本小书已经准备了一年多。本书进展的一个环节，就是将其油印并送给150人提出批评意见。因此，不可能对得到的所有帮助都无一遗漏地感谢到；但是众多建议中大有帮助的来自以下众人：哈佛大学的约瑟夫·熊彼特（Joseph Schumpeter）教授，阿尔及尔大学的 G. H. 布斯凯（G. H. Bousquer）教授，密苏里大学的哈里·G. 布朗（Harry G. Brown）教授，康奈尔大学的哈罗德·L. 里德（Harold L. Reed）教授，美国公用事业局局长约翰·鲍尔（John Bauer）博士，国民城市银行前行长弗兰克·A. 范德利普（Frank A. Vanderlip）先生；克利夫兰信托公司副总裁伦纳德·P. 艾尔斯（Leonard P. Ayres）上校，密尔沃基第一威斯康星州国民银行副行长约翰·R. 斯图尔特（John R. Stewart）先生，明尼阿波利斯马凯特国民银行行长拉尔夫·W. 曼纽尔（Ralph W. Manuel）先生，印第安纳波利斯弗莱彻信托公司前总裁埃文斯·伍伦（Evans Woolen）先生，得克萨斯州罗克斯顿第一国民银行出纳员吉本斯·波特（Gibbons Porter）先生，芝加哥市大陆伊利诺伊国民银行和信托公司执行副总裁赫尔曼·沃尔德克（Herman Waldeck）先生，前亚特兰大联邦储备银行行长马克西米利安·B. 韦尔伯恩（Maximilian B. Wellborn）先生，圣路易斯第一国民银行副行长 W. F. 格普哈特（W. F. Gephart）博士，作家 C. H. 道格拉斯（C. H. Douglas）少校，公司退休人员 J. S. 卡利南（J. S. Cullinan）先生，资本家 M. K. 格雷厄姆（M. K. Graham）先生，匹兹堡爱德温·L. 威甘德公司总裁 E. L. 威甘德（E. L. Wiegand）先生，通用电气公司董事长欧文·D. 扬（Owen D. Young）先生，经纪人马库斯·古德博迪（Marcus Goodbody）先生，宾夕法尼亚州约克国民银行和信托公司总裁格里尔·赫什（Grier Hersh）先生，米歇尔·A. 海尔珀林（Michel A. Heilperin）先生，作家埃兹拉·庞德（Ezra Pound）先生，利哈伊航运煤炭公司人事总监 H. S. 吉尔伯特森（H. S. Gilbertson）先生，法官菲利普·特鲁普（Philip Troup），约翰·D. 皮尔曼（John D. Pearman）先生，农业部长财务经济顾问加德纳·米恩斯（Gardner Means）先生，费城海关审计长拉尔夫·W. 韦斯科特（Ralph W. Wescott）先生，路德维希·S. 海尔伯恩（Ludwig S. Hellborn）先生，L. E. 艾切尔伯格（L. E. Eichelberg）先生，尊敬的 G. W. 埃德蒙兹（G. W. Edmonds）、保罗·安德森（Paul Anderson）先生、法官乔治·W. 安德森（George W. Anderson）。

我还要感谢我的兄弟赫伯特·W. 费雪（Herbert W. Fisher），他在每个阶段都对文本进行了详细审阅并提供帮助，以使论述更加清晰。

第一部分概述了整个提案，许多外行可能会觉得没有必要阅读第二部分和第三部分更为详细的讨论——这两部分主要针对银行家和银行专业学者可能提出的反对意见。但是，我试图在所有部分都仅强调其中的原理，而非坚持采用应用原理的精确方法。在许多情况下，我推荐了替代方法。实际上，要将 100% 准备金制度上升为法律并与稳定美元购买力计划结合，需要比我更适合的人投入进来，在可用的替代方案之间进行选择，并制定必要的法律规范来执行详尽的计划。

为创建100%准备金制度，数项法案已经提交给国会。我要特别提及卡廷参议员和帕特众议员的法案、戈尔兹伯勒众议员的法案以及奈参议员和斯威尼众议员的法案。

上述最后一个法案是1935年3月由全国货币会议通过的，该会议于1935年1月召集，代表16个组织，据说涵盖了一半的美国选民。

本书的目的是从尽可能多的视角来阐述这个问题。这个计划很简单，几页纸就能把它写完；但是它将在许多方面影响当前复杂的银行业结构及其与商业的关系，它自身的简单性和其结果具有的普遍性和深远性这一特点，会使熟悉当前复杂银行体系的人产生很多疑问。出于这一考虑，本书将有很多有意的重复和总结。

我的主要目标在于清晰阐释该计划可能涉及的每一个关系，以使任何睿智而开明的读者都可以充分相信其合理性和实用性。我建议读者在读完本书后，重新阅读第一章。

100%准备金计划的本质是使货币独立于贷款；也就是说，将银行业务与创造和销毁货币的过程相分离。一个纯粹附带的结果是使银行业务更安全，更有利可图；但到目前为止，最为重要的结果将是通过消除顽固的通货膨胀和通货紧缩来防止大泡沫和大萧条。通货膨胀和通货紧缩一直是人类最大的经济祸根，主要是由银行业引起的。

尽管100%准备金的想法是古老的，并在几个世纪前就付诸实践了，但对大多数人来说，这似乎是全新的。与我通信的一位银行业权威说,这是大萧条带来的唯一"原创"的想法。

我越来越相信,该计划如能恰当地制定和实施,对于迅速和永久地解决萧条问题,会无可比拟地成为曾经提出的最好的建议。因为它将消除导致泡沫和萧条的主要原因,即与银行贷款紧密相连的(正如现在那样)不稳定的活期存款。

欧文·费雪

耶鲁大学

1935年3月

一位银行家的前言

对于普通百姓，或者对于工资、薪金或收入以货币或硬币支付的人来说，银行业似乎是一个遥远的话题，与他们几乎没有直接的利害关系。对这样的人来说，当读到他的工资、薪金或收入的多少取决于全国商业银行的未偿还贷款总额时，他可能会大吃一惊。然而事实就是如此。

当然，这是当前最重要的问题。作为此书读者，你会由于没有这笔钱的简单原因，不再买你平常买的东西。你的朋友和熟人似乎也和你处于同样的境遇。这一切意味着什么？

如果你个人的困难和你熟悉或认识的所有人的困难都是缺钱，那么国家的主要困难不显然就是全体公民的困难的总和，而缺钱不显然就是我们国家最重要的问题吗？

我们有充足的生产和分配设施，为每个人提供丰富的必需品，以达到较高的生活水平，我们迫切希望生产，但我们没有足够的钱来实现我们的商品和服务的交换。

仅在最近几年，我们才收集了足够准确的数据来计算为了使某一特定的国民收入成为可能而必须流通的货币量。我们发现，这个比率大约是 3∶1，并且在形势发生广泛变化之下，以惊人的稳定性保持在这个数字上。

这个重要事实对于你的意义在于，你每年的工资、薪水或收入中的每3美元必须有1美元的现金或某种可用的流通替代品，并且对应本国其他每个人的年收入中的每3美元，流通中就必须增加1美元。

据我估计，我们在1929年有270亿美元的现金和活期银行存款在流通，不包括用于股票投机的估计数额。我的估计与其他学者的估计基本一致。我们1929年的国民收入是810亿美元。这810亿美元不过是你的工资、薪金或收入，以及这个国家所有其他个人的工资、薪金或收入的总和。

1932年，流通中的货币、硬币和银行存款减少到大约160亿美元，而我们的国民收入减少了几乎相同的比例，减少到大约480亿美元，这当然意味着平均个人收入同比例减少了。

政府发行的货币和硬币在我们的商业交易中只起很小的作用。我们的绝大多数交易是用支票通过商业银行的活期存款或支票账户来支付的。这些存款是由商业银行与从它们借出款项的人创造的。借款人将自己（借来）的纸币交给银行，银行将纸币的面值作为"存款"记入银行的账上。从该存款中开出的支票从借款人的账户中扣款，并记入收到支票的人的账户上。这个人又"花掉"了这笔"存款"，并且该存款每年继续在25个或25个以上的个人或公司的账目中循环。通过这种方式，这些账本上的信用作为货币的人造替代品运转，履行着货币的所有职能。

整个国家的商业总量只不过是我们通过这些借来的信用和流通的少量现金所进行的交易的总和。

银行家和借款人通常都没有意识到，一笔刚刚完成的贷款使那么多新货币进入流通，或者正如我们的反动朋友们所说的那样，通过贷款数量"使货币膨胀"。银行家和借款人通常都没有意识到，只要这种货币的信用替代品还在流通，他们就开始了一个无穷无尽的连续交易链。

当偿还银行贷款时，有人会从一项存款中支付该笔款项，当然，该笔存款中的这部分不再存在，并且一系列原本会用这部分存款来进行的连续交易也会停止。

如果偿还了所有银行贷款，就没有人会有银行存款，也就不会有一美元的货币或硬币流通。

这是一个令人震惊的想法。我们完全依赖商业银行。必须有人来借我们流通中的每一块钱，不管是现金还是信用。如果银行创造充足的人造货币，我们就会繁荣；否则，我们就会挨饿。我们绝对没有一个永久的货币体系。

当人们完全理解这个局面时，这种无助状态的悲剧性荒谬几乎是难以置信的——但它确实存在。

如果全国 14,500 家银行开始同时收回它们的贷款，这些人造货币被摧毁的总量将是巨大的。几乎是马上，差不多所有人都没有足够的钱去消费。全国商业迅速减少，以至于经销商和制造商被迫突然裁减员工，并降低剩余员工的工资。这就是"萧条"。其严重程度取决于有多少这样的贷款被收回和偿还——有多少我们的主体货币（principal money）是因偿还这些贷款而被摧毁的。

货币的消失令人感到神秘和困惑——神秘是因为公众当然没有意识到全国 14,500 家银行都在忙着销毁我们的主要货币替代品——银行存款。

随着大萧条的加剧，价格和价值下降，银行被迫采取进一步和更严厉的措施来维持它们的偿付能力。无情的止赎（foreclosure）成为它们用以保护自己的唯一原则。

我们的政治家们一贯拒绝研究这个问题，拒绝提供一种健全的货币体系，一种充足的永久性货币，一种经过科学计算、能够与我们不断增长的人口和不断增长的生产能力相一致的货币。

无论如何，这个国家明智的公众必须了解这个问题的基本原理。我们不能再依靠我们的银行系统来提供我们进行业务往来的所有资金。此次大萧条持续的主要原因是银行不贷款，因此，用来扩展商业的钱就不存在了。很简单，商人们很大程度上忽略了这一基本情况，继续寻找某种经济"第四维"来解释我们的痛苦处境，但没有任何神秘的力量击败我们交换商品和服务的努力。我们没有货币也没有任何替代品在流通，这就是事情的本质。

在费雪教授的书中，他清晰、详尽地描述了这种不稳定的银行货币体系的运作方式和明显的补救措施。它是聪明人能够探究和思考的最重要的课题。至关重要的是，除非我们对当前的文明有广泛的理解并尽快纠正缺陷，否则我们的文明可能会崩溃。

这是你的问题，也是我的问题。

罗伯特·H. 亨普希尔
亚特兰大联邦储备银行前信贷经理

第一部分

纲 要

第一章 概 述

引 言

在美国,就像在其他很多国家一样,我们大多数的账单是用支票支付的,而不是用手手相传的现金。

当一个人签发支票时,他是针对他所谓的"我在银行里的钱"来开的,如支票簿存根上的存款余额所示。全国所有这些存根上余额的总和,即所有的支票存款,或我们通常所说的放在银行存款里、由支票支配的"钱",构成了美国主要的流通媒介。我建议将其称为"支票货币"(check-book money)以与实际的现金或"零用货币"(pocket-book money)区别开来。零用货币是两者中更基本的一种。它是看得见摸得着的,支票货币则不是。人们称其为货币,并把它当作真正的货币来流通,这是因为人们相信它"代表"真正的货币,可以通过"兑现"支票来随时兑换成真正的货币。

但是,支票货币和零用货币的主要实际区别在于,后者是无记名货币,任何人都可以使用,而支票货币则需要收款人的特别允许才能使用。

1926年,是大萧条发生前的一个代表年份,据估计,当年美国人的支票货币总额为220亿美元,而在银行和美国财政部之外,零用货币——也就是说，人们持有的和商人钱柜中存放的有形的实际无记名货币——总计不到40亿美元。两者共同构成了在公众手中的全国流通媒介总量260亿美元，其中40亿美元通过手头流通，220亿美元通过支票流通。

许多人认为支票货币就是真的货币，而且确实在银行里。当然，事实远非如此。

那么，这种我们误称为"银行里的钱"的神秘支票货币到底是什么呢？它只是银行在储户要求时对其提供货币的承诺。在1926年220亿活期存款的背后，银行仅持有大约30亿美元的实际货币。剩下的190亿美元是货币以外的资产，比如借款者的本票和政府债券、公司债券等资产。

在平时，例如1926年，30亿美元的资金足以使银行向任何储户提供他所要求的所有货币或现金。但是，如果所有储户同时要求提取现金，那么尽管银行可以通过出售其他资产来筹集一定数量的现金，但它们却远远不够；因为整个国家没有足够的现金来提供这220亿美元。并且，如果所有储户都同时索要黄金，全世界的黄金加起来都不够。

从1926年到1929年，流通媒介总量略有增加，从大约260亿美元增加到大约270亿美元，其中230亿美元是支票货币，40亿美元是零用货币。

而从1929年到1933年，支票货币缩减到150亿美元，而在人们口袋和钱柜里的实际货币是50亿美元，总共形成200亿美元的流通媒介。从260亿美元增加到270亿美元是通货膨胀，而从270亿美元降至200亿美元则是通货紧缩。

第一章 概述

1926年以来的泡沫和萧条在很大程度上集中体现在这三个数字上——分别是1926年、1929年和1933年的260亿美元、270亿美元和200亿美元。

货币数量的这种变化在某种程度上被流通速度的类似变化加剧了。例如，在1932年和1933年，不仅流通总量很小，而且流通速度很慢——甚至到了大范围贮藏的程度。

如果我们假设1929年和1933年的流通量分别为270亿美元和200亿美元，并且当年的易手次数分别为30次和20次，那么在1929年，流通媒介总量就是270亿×30＝8,000多亿美元，在1933年，流通媒介总量就是200亿×20＝4,000亿美元。

总量的变化主要是在存款中。如前所述，支票货币的三个数字分别是220亿、230亿、150亿，零用货币分别是40亿、40亿、50亿。这次大萧条的一个重要原因是支票货币从230亿减少到150亿，也就是说，有80亿美元的全国流通媒介凭空消失了，它们作为商业公共高速公路，是我们都需要的。

国家支票货币减少了80亿美元对应着零用货币增加的10亿美元（即从40亿美元增至50亿美元）。公众从银行取出了这10亿美元现金，而银行为了提供这笔资金，不得不毁掉这80亿美元的信用。

这80亿美元支票货币的损失或毁灭，很少有人意识到，也很少有人提及。如果每23,000英里的铁路中就有8,000英里被毁，将会是报纸头条。然而，与我们230亿美元的主要货币高速公路中80亿美元的损失相比，这种灾难就是一场小灾难。公众将其作为货币的80亿美元被破坏，是大萧条的主要凶兆，而失业和破产则是紧随其后的两大悲剧。

如果在100%准备金制度下，则不会发生这种公众被迫牺牲230亿美元主要流通媒介中80亿美元的情况。并且那时，我们将在第七章看到，大萧条也不会再出现了。

支票货币的破坏不是自然和不可避免的事情，而是由制度缺陷导致的。

在我们目前的制度下，银行通过发放或收回贷款来创造和销毁支票货币。当一家银行向我发放了1,000美元的贷款，从而使我的支票存款增加了1,000美元时，"我在银行中的钱"中的这1,000美元是新的。它是银行用我的贷款新造的，用钢笔和墨水写在我的支票簿存根上和银行的账簿上。

如前所述，除了这些笔墨记录外，这些"货币"没有真正有形的物理存在。之后，当我偿还银行那笔1,000美元时，我从我的支票存款中取出了这笔钱，在支票簿存根和银行的账簿上，同样数量的流通媒介被破坏了。也就是说，它完全消失了。

因此，我国的流通媒介现在受银行贷款业务的支配；我们成千上万的支票银行，实际上是许许多多不负责任的私人铸币厂。

麻烦的是，银行提供的不是钱，而只是随时提供货币的承诺——它并不拥有这些货币。银行可以在其微薄的现金储备基础上，建立这种"信用"（即支票货币）的倒金字塔，其数量可以膨胀和紧缩。

显而易见，这种头重脚轻的体系是危险的——对储户来说是危险的，对银行来说是危险的，最重要的是对数百万"无辜的旁观者"，即普通公众来说是危险的。特别是在通货紧缩发生时，公众就失去了进行商品交易的部分基本流通媒介。

允许银行发行这些提供货币服务的账面信贷，与允许它们像"野猫钞票"时期那样发行纸币，这两者之间几乎没有什么实际区别。实质上同样都是不健全的做法。

存款在现代意义上相当于银行券。但是，存款可能会被无形地创建和销毁，而银行券则必须被印刷出来，销毁方式是烧掉。如果在1929—1933年有80亿美元银行券被烧掉，这个事实几乎不容忽视。

随着主要基于贷款的支票账户或支票货币制度从现在使用它的少数几个国家扩展到全世界，其总的危险将越来越大。结果，除非改变制度，否则未来的泡沫和萧条势必比过去那些更为严重。

现行制度的危险和其他缺陷将在以后的章节中详细讨论。但是，只需要几句话就可以勾勒拟议的补救办法，即如下：

提　案

让政府通过特别设立的"货币委员会"，将每家商业银行的充足资产转化为现金，使每家银行的现金储备达到其活期存款的100%。换句话说，让政府通过货币委员会发行这些货币，并用其购买一些银行的债券、票据或其他资产，或以这些资产为担保将这些货币借给银行。①那么所有的支票货币背后都有真实货币——零用

---

① 在实践中，可能大部分是在委员会的账目上"借贷"，因为几乎不需要什么有形货币——甚至比现在还要少，只要货币委员会随时准备按要求提供这些货币即可。

货币。

这种新货币（委员会货币或美钞）仅会为活期存款提供完全现金支持，其本身不会增加或减少国家的流通媒介总量。一家银行如果以前有1亿美元的活期存款，而背后仅有1,000万美元的现金（以及9,000万美元的证券），则会将这9,000万美元的证券交给货币委员会，以换取另外的9,000万美元现金，从而使现金储备总额达到1亿美元，或存款的100%。

在完成实际货币代替证券之后，将要求该银行对其活期存款永久保留100%的现金储备。换句话说，活期存款就是确确实实的"存款"，即为存款人保管的现金。

因此，这些新货币实际上将被100%的准备金要求所束缚。

银行的活期存款部门将成为存款人的无记名货币的单纯存储仓库，并将作为支票银行而具有独立的法人地位。这样，活期存款和准备金之间就没有实际的区别了。在我的支票簿存根上记录的"我在银行里的钱"，就是确确实实的钱，确实就是在银行里（或在身边）。银行的存款只有在其现金也增加到1.25亿美元的情况下才能增加到1.25亿美元，即通过存款人再存入2,500万美元现金——从他们的口袋或钱柜里拿出这么多钱，存入银行。如果存款减少，就意味着存款人从银行取出部分存款，也就是说，把钱从银行取出来，放入口袋或钱柜里。无论哪种情况，总数都不会有任何变化。

至于说转变到100%制度将剥夺银行的赢利资产，要求银行增加非赢利现金的数量以代替这些赢利资产，银行可以通过向储户收取服务费的方式获得补偿——或者以其他方式获得补偿（详见第九章）。

优　势

给公众带来的好处如下：

1. 商业银行几乎不会再遭遇挤兑。

原因在于，储户们100%的钱将一直在银行里（或随时可以取到），供他们支配。实际上，提取的资金将比现在要少；我们都知道受惊的储户会对银行出纳大喊："如果你没有足够的钱，我就要取；如果你有，我就不取。"

2. 银行倒闭的情况将大大减少。

原因在于，最有可能使商业银行破产的重要债权人是它的储户，这些储户会得到100%的保证。

3. 计息政府债务将大大减少。

原因在于，政府的大部分未偿还债券将由货币委员会（代表政府）从银行手中接管。

4. 我们的货币制度将会简化。

原因在于，零用货币和支票货币将不再有任何本质的区别了。我们所有的流通媒介，百分之百是真正的货币。

5. 银行业务将被简化。

当前，货币的所有权混乱。当将钱存入支票账户时，储户仍将其视为他的钱，尽管从法律上讲是银行的。储户在银行里没有"存款"，他只是作为私人公司的银行的债权人。一旦不再允许银行借出其客户存款，与此同时，储户通过对存款开出支票，把它们当作自己的钱来使用，银行业将消失大部分的"神秘感"。以"杜利先生"

而著称的威尔·罗杰斯（Will Rogers），当他称银行家为"一个通过把你的钱借给他的朋友来看管你的钱的人"时，就指出了活期存款这种双重使用权的荒谬之处。

将来，支票（活期）存款和储蓄（定期）存款之间将有明显的区别。存入支票账户的资金将属于储户，如同存放在保险箱的任何其他财物，且不计利息。存入储蓄账户的资金仍具有与现在相同的状态。它将明确属于银行。为换取这笔钱，银行将给予存款人带息取回本金的权利，但没有支票特权。定期存款的存款人只是买了如同有息债券的一种投资，这种投资不需要 100% 的现金支持，就像其他投资一样，比如债券或股票。

定期存款的准备金要求不必受到新的活期存款制度的影响（尽管强化这种要求是可取的）。

6. 严重的通货膨胀和通货紧缩将被消除。

原因在于，银行将被剥夺其现有的权力，即事实上铸造支票货币并摧毁它的权力；也就是说，发放贷款不会使我们的流通媒介膨胀，而收回贷款也不会使流通媒介紧缩。活期存款的数量不会受到任何其他种类的贷款增加或减少的影响。这些存款将成为该国实际货币总额的一部分，并且这一总额不会因货币从一个人借给另一个人而受到影响。

即使储户们同时提取所有存款，或同时偿还所有贷款，或同时拖欠所有贷款，国家的货币体量也不会因此受到影响。它只会被重新分配。其总额将由其唯一的发行者——货币委员会控制（如果需要，也可以赋予其处理贮藏货币和调整货币周转速度的权力）。

7. 泡沫和萧条将大大缓解。

原因在于，泡沫和萧条主要由通货膨胀和通货紧缩导致。

8. 银行家对实业的管理将几乎停止。

原因在于，只有在萧条时期，实业才普遍落入银行家之手。

在这八项优势中，前两项主要适用于美国这个充斥着银行挤兑和银行倒闭的国家。其他六项将适用于所有拥有活期存款银行业务的国家。第六和第七条优势是当前最重要的，即停止膨胀和紧缩我们的流通媒介，从而总体上减轻泡沫和萧条，特别是消除大泡沫和大萧条。

异 议

自然地，一个新想法或一个看起来很新的想法，例如这个100%货币和银行制度，必须而且应该受到严厉的批评。

对100%制度存有疑问的人最有可能提出以下问题：

1. 转变成100%货币制度（即用新货币购买资产）会不会立即且大规模增加该国的流通媒介总量？

一美元都不会。它只会使支票货币和零用货币可以完全兑换；把现有的虚拟货币的活期存款（circulating deposits）变成真实货币的活期存款。

转变之后（以及达到规定的通货再膨胀程度[①]之后），货币委员会可以通过购买债券来增加货币数量，并可以通过出售债券来减少

---

① 详见第六章。

货币数量，在每种情况下，货币委员会都受到限制，有义务保持规定的价格水平或合理准确的美元价值。

但值得注意的是，维持 100% 准备金和维持稳定的价格水平是截然不同的；可以想象，两者能够各自独立存在。

2. 有什么有价值的财产支持新货币吗？

在采用 100% 货币制度后的当天，可以用支票转账的新货币背后的资产——其中大部分是政府债券——与一天前支票货币背后的资产完全相同，不过这些债券现在会由货币委员会持有。

传统的观点是，所有货币和存款都必须有证券"支持"，以防止恣意的通货膨胀。在目前的制度（作为对比，我们称其为"10% 制度"）下，当储户担心他的存款不能用实际零用货币支付时，银行可以（理论上）出售有价证券，然后将这笔钱支付给惊慌的储户。而在 100% 制度下，背后有证券支持是完全相同的，出售证券也同样可能；但除此之外，还有美国政府的信誉。最后，不会出现惊慌的储户担心自己无法将存款转换为现金。

3. 金本位不会消失吗？

不会比它已经失去的更多！也不会更少。黄金的地位会与现在完全一样，其价格将由政府决定，其用途将主要限于国际收支结算。

此外，如果需要的话，在 100% 制度下回到 1933 年之前的那种金本位制也可以像现在一样容易地实现。实际上，在 100% 制度下，旧的金本位如果得以恢复，将更有可能按人们对它的期望运行。

4. 银行将如何获得用于贷款的货币？

就像它们现在通常做的那样，即（1）自己的钱（它们的资本），

(2)收到的客户存入储蓄账户(不能用支票支取)的钱,(3)偿还到期贷款的钱。

从长远来看,可能会有更多的钱被贷出;因为会有更多的储蓄被创造出来,从而可以用于放贷。但这种贷款扩张——储蓄带来的正常扩张——并不必然引起任何流通货币的增加。[①]

对银行贷款的唯一新限制将是有益的;也就是说,除非有钱用于放贷,否则就不能放贷;即银行不能再无中生有地创造货币过度放贷,从而导致通货膨胀和一场泡沫。

除了上述三种贷款资金来源(银行资本、储蓄和偿还资金)外,货币委员会还可能发行新货币,并通过购买更多债券将其传递给银行。但是,这笔额外的货币将受到基本要求的限制,防止价格上涨超过规定水平,这一要求是用合适的指数来衡量的。

5. 银行家们会受到损失吗?

恰恰相反:

(1)他们将分享更为健全的货币制度和恢复的繁荣带给国家的总体利益;特别地,他们将获得更多的储蓄存款;

(2)对于因占用大量储备而造成的利润损失,将(通过服务费或其他方式)得到补偿;

(3)他们将几乎完全免于未来银行挤兑和倒闭的风险。

银行家们不会那么快忘记他们在1931—1933年暴民争夺流动性中所遭受的苦难——各自为战,落后者遭殃。在100%制度下,将不会有这样的暴民运动;因为在任何时候都将确保100%的流动

---

① 详见第五章。

性，并且每家银行都被分别确保并独立于其他银行。

6. 该计划是将货币和银行国有化吗？

对于货币而言，是的；对于银行而言，不是。

结　论

100%制度提案是激进的反面。从原则上讲，它所要求的是，从目前非同寻常、毁灭性的将同一货币8倍或10倍贷出的制度，回归到老金匠们保守的保险箱保存财物的制度——在金匠们开始不恰当地将委托给他们保管的东西贷出之前。正是这种滥用信任的行为，被接受为标准惯例之后，演变为现代存款银行。从公共政策的角度来看，它仍然是一种滥用，不是滥用信托，而是滥用贷款和存款职能。

在近一个世纪前通过《银行法》时，英国进行了改革，部分恢复了金匠制度，要求所有超过一定最低限额的英格兰银行银行券（以及当时所有其他发钞银行银行券）都有100%的准备金。

普林斯顿大学的弗兰克·格雷厄姆教授在一份支持100%货币计划的声明中提到亚当斯总统，说他"谴责发行私人银行券，这是对公众的欺诈。这种观点使他得到当时所有保守派的支持"。

最后，为什么要继续把政府的一种特权实际上无偿地转包给银行呢？这种特权在美国宪法（第一条第八款）中规定如下："国会应有权力……铸造货币（并）调节其价值。"实际上，如果不死抠字眼，每家支票银行都在铸造货币；这些银行作为一个整体，管理、控制或影响所有货币的价值。

当前货币制度的辩护者不能公正地声称,在数千个小型私人铸币厂的暴民统治下,该体系运转良好。如果它运转良好,我们最近就不会在230亿美元的支票货币中损失80亿美元。

如果我们的银行家希望保留严格的银行职能——贷款(他们可以比政府更好地履行该职能),那么他们应该准备好归还严格的货币职能,这是他们不可能如政府那样履行好的。如果他们明白这一点,并且对他们看来可能是一个崭新提议的事情破例说一次"是"而不是"否",那很可能就不会有其他重要的反对意见了。

第二章　法规大纲

希望研究以法律形式拟定的拟议法案的读者，请参阅附录四。在附录四中，他们可以找到罗伯特·H. 亨普希尔先生建议的 1935 年《银行法》修正案的复制内容。第九和第十一章也载有对这个问题的进一步讨论。本章主要是为一般读者设计的，专业性不强。

将 100% 货币的原则制定成法律，有多种可能的方法。所有这些都需要一个货币委员会或同等机构，例如最近成立的美联储公开市场委员会（经过一些适当的改变）。应该授权该货币委员会（或同等机构）发行国家货币，并根据某个方案，以法定稳定标准调整货币。稳定性将通过公开市场操作来实现，即买卖黄金、外汇和美国政府债券，以及其他任何合格的资产——也可以通过改变黄金、白银和外汇的价格。

固定货币总供给

法规的第一个大纲体现了最简单的 100% 准备金方案。

接下来是对折中方案的简短描述，虽然没有那么简单，但如此设计部分原因是为了减少对现状的干扰。

1. 授权并指示货币委员会发行新货币，并使用这种新货币：

(1)从 12 家联邦储备银行购买足够的美国债券(或其他合格资产),针对其全部活期负债,为每一家银行提供 100% 的实际有形货币准备金;

(2)从所有其他拥有支票账户的现有银行购买足够的美国债券,以使每家银行在此类账户中有类似的 100% 的实际货币准备金;

(3)从一般公共政府购买足够的债券,以使全国流通媒介总量(全部以实际货币计)达到某一确定数字(例如 300 亿美元)。

2. 此后,保持货币总供给不变。

上述两个条款——通货再膨胀条款和随后的固定金额条款——以最简单的形式涵盖了 100% 货币方案的基本内容,甚至比老式的金本位更自动运行。因为,在发行和分配新货币之后,货币委员会在货币的创造和销毁方面将无事可做。无论是货币委员会还是银行(目前是扰乱货币供给的罪魁祸首)或任何其他机构都无权改变国家的货币供给。

该计划应与下列两项要求一起实施:

3. 禁止所有支票货币的替代品,以及一切其他规避本法的做法(如对储蓄存款开出支票)。

4. 按照适当的规范,允许具有支票账户的银行收取仓储费和服务费,从而补偿它们因放弃赢利资产而造成的任何收入损失。

毋庸置疑——尽管从法律上,做出特别声明是明智的——所有持有活期存款的银行,将被要求把这些存款当作为储户持有的货币信托资金。准备金不再像现在一样属于银行,而是在达到 100% 时自动具有和存款一样的法律性质。这个最简单版本的 100% 计划可能会吸引一些人，他们对一种"受管理的通货"相机行事的特征颇为担心。

但是，在我看来，流通媒介的数量或供给不应该一劳永逸如此简单地固定下来。随着人口的增长和商业的发展，这可能会导致有害和渐进的通货紧缩。

为了提供所需要的弹性，有必要对货币供给进行一些持续的管理，然而这种管理需要的自由裁量权，与按照一条明确规定路线驾驶的司机相比，并不需要更多。

固定人均货币供给

打个比方，如果我们希望不固定流通总量，而是固定人均流通量，货币委员会将被授权和指示不断地买进和卖出（通常是购买）债券和其他合格资产，以保持货币供给水平与人口同步。

为了获得和维持这样的固定人均货币供给，上述四项规定中唯一需要变化的是将第二项规定（"此后，保持货币总供给不变"）改为：

2. 此后，只要人均货币供给低于规定的数额（比如250美元），就（从银行或公众那里）购买证券，直到再次达到这个数额；反之，只要人均货币供给高于这个数额，就出售证券。

固定货币购买力

如果我们希望的标准既不是固定的总供给量，也不是固定的人均货币供给量，而是美元的固定购买力（即由某个官方指数衡量的固定价格水平），则也要采取与上一种情况完全相同的程序。货币委员会将被要求：

2. 在指数低于官方平价标准时买入证券，高于官方平价标准时卖出证券。

当然，最后一点正是瑞典自1931年9月以来通过瑞典中央银行所做的，以适当调整黄金和外汇价格。对于那些担心通货管理的人来说，它的成功就是最令人信服的答案，官方指数（内部生活成本指数）几乎保持不变，从而其倒数（克朗的购买力）也几乎保持恒定。特别是，瑞典是最早从大萧条中恢复的国家。

其他标准

当然，还有许多其他可能的标准（参见第六章）。所有这些标准都应用相同的管理办法。也就是说，货币委员会将增加或减少货币供给，以满足法律规定的任何类型的稳定要求。

正如我常说的：理论上讲，只要有足够的统计数字，美元的一个最佳标准是国家人均收入的固定部分，例如千分之一。

越来越多该领域的专家认为，人均货币收入大约是人均流通货币的三倍。如果这一观点得到证实，即货币和货币收入保持大致恒定的比率，或者甚至在没有大泡沫和大萧条的情况下都是如此，那么我们将得出一个相当令人吃惊的结论，即保持美元是人均收入的固定比例，等同于固定人均货币供给，货币委员会唯一需要的统计数据就是人口统计数据。到目前为止，我们还不能确定这两个标准

（固定的人均货币数量和美元作为人均收入的固定比例）基本上相同；但是我们至少可以确定，人均数量计划不是解决货币问题的坏方法。

自然地，货币委员会应该研究所有可用的标准或指数，并向国会报告其建议。但就目前而言，从各方面考虑，我个人更倾向于做瑞典已经做过的事：根据生活成本固定定货币单位。

为了效率最大化，货币委员会除了调节美元价值外，不应该有其他职能。

然而，正如读者会注意到的以及本书其他地方所强调的那样，管理国家货币采用什么标准的问题，实际上与是否拥有 100% 准备金的问题是完全不同的。我们在本书中不会直接关心稳定性标准。

将货币问题与银行贷款业务完全分开，将大大简化公众对货币问题的认识，正如 1844 年英格兰银行的发行部门与银行部门分离一样。因此，每家商业银行都应分为支票银行和贷款银行两个部分。

妥协形式

简单计划的讨论到此为止，但实现目标的最简单方法并不总是最好的，在政治上也不是最可行的。例如，从简单的角度来看，收回现有货币是可取的，但实践中却遭到强烈的抵制。我们的银元券及其背后无用的白银，以及国库券、绿背美元和联邦储备券，都是如此。

第二章 法规大纲

幸运的是，目前还没有迫切的实际需要，去废除我们的 13 种流通媒介①中的任何一种，尽管其中很多都是笨拙和多余的。唯一重要的要求是规范活期存款。

即使在我们的 100% 计划中，我们仅使用纸币，也不需要上述那么多种货币。成员银行中公众存款的准备金可以并非全部由实际纸币构成，而是主要由这些成员银行在联邦储备银行中持有的"信用"或活期存款组成，只要这些加起来等于公众活期存款的 100% 即可。这就（追溯过去）好像成员银行最初把实际的货币存在自己的金库，然后为了安全起见，将其中的大部分重新存入联邦储备银行的金库。只要一直有可用的货币，甚至也不必把所有的货币都放在联邦储备银行的金库中。事实上，只要印钞局随时准备按要求及时提供，甚至都没有必要把所有货币印刷出来令其实际存在，当然也不需要实际签名。加拿大允许银行持有未签名的银行券，只需在获得授权时，动笔将其转换成实际货币即可。

在这种制度下，成员银行的准备金可以像现在一样以信用形式存在，而不是变成实际货币。

---

① 即(1)黄金、(2)金元券、(3)白银美元、(4)银元券、(5)美国券或绿背美元、(6)货币凭证(绿背美元)、(7)国库券、(8)国民银行券、(9)联邦储备券、(10)联邦储备银行券、(11)白银辅币、(12)小硬币、(13)支票存款(活期存款)。其中，第(5)(6)(7)(8)(11)(12)项可以完全不谈。如果我们保留金本位制[(1)和(2)项]，总统或其他机构将不得不偶尔改变金价。关于白银的(3)和(4)也需要一些类似规定。对待(10)最好方法似乎是对现在仍流通的金额放任不管，任其消亡，就像我们 60 年前对(5)项的一样。这样就剩下(9)（联邦储备券）作为前文提到的委员会货币，并根据需要而改变数量，以保持合理的流通媒介总量。(13)项背后的准备金可以包括 12 种零用货币中的任何合法货币。

类似英格兰银行

此外，我们不必以货币或信用的形式保留所有的 100% 准备金。为减少银行家们的反对，我们可以允许部分准备金——实际上是大部分——以政府债券的形式（或其他合格资产）保留在银行的金库中，但前提是，这些债券或其他合格资产可以依据成员银行的要求，转换为货币或联邦储备信用，并规定总准备金（即债券和货币的总额）在价值上不得超过所采标准要求的全部支票货币。

这将导致活期存款仅成为信托资金，部分投资于"现金"，部分投资于政府债券，这与 1933 年罗斯福总统对重新开放和"受到限制的"银行的新存款要求完全相同。原则上，这种混合准备金制度也类似于英国对英格兰银行券的规定。这些银行券有 100% 的担保，一部分是"现金"（政府发行的纸币），一部分是（固定数额的）政府证券。实际上，1844 年通过的英格兰银行券 100% 计划似乎是一个折中方案，旨在尽可能少地干扰现状，从而避免银行家们的反对。

有了这些规定，我们就会发现，100% 制度的启动几乎不会对目前的状况造成任何干扰，因为如果把政府债券计算在内的话，大多数银行的活期存款已经超过了 100% 的支持。这些债券的地位只会有一个微小的变化，也就是说，它们将能够转换成现金，且其总金额会受到限制。

但是,为使说明简单起见,以下各章忽略了任何此类实际的妥协,并假设严格的 100% 真实货币储备,这些债券已由货币委员会直接购买。①

---

① 以上内容写完后,詹姆斯·W. 安杰尔教授提出了 100% 计划的一个版本(请参阅附录五)。

第二部分

100%制度如何工作

第三章 准备金问题

阿姆斯特丹银行和旧 100% 制度

前两章简要概述了关于活期存款的 100% 准备金提案:第一章大体针对外行,第二章特别针对立法者。

许多人希望得到进一步的阐释。为此本书提供了第二和第三部分。本章专门讨论准备金问题与银行业务原理和银行历史的关系。

最早的银行制度似乎就曾是 100% 准备金制度。它起源于将黄金和其他贵重物品存放在金匠或其他有安全保管设施的人那里的习俗。这样存放的黄金和其他贵重物品是通过一种叫作"银行货币"的纸质凭证来转移的,而这种凭证实际上就是支票。只要 100% 的黄金保存在金库中,这个旧系统显然就是 100% 货币制度,就像本书建议的那样。当一些黄金被借出时,情况开始改变。在英国,这种变化大约发生在 1645 年。

阿姆斯特丹银行(由阿姆斯特丹市拥有)也是以相同的方式开始营业的,并且大约在同一时间进行了相同的政策变更。对于该银行,哈佛大学已故教授查尔斯·邓巴(Charles Dunbar)说:

"显然,把银行仅作为储蓄银行的原始理论并未考虑将贷款作为其职能之一。银行是在没有资本的情况下建立的,根据创立它的法令和公众的理解,它实际上在金库中存有与随时在外流通的银行货币对应的全部硬币。"[1]

贷款职能是在暗中逐渐发展起来的。这是一种滥用,由于不需要银行公开报告,操作起来非常容易。邓巴教授说:

"银行的交易和状况达到何等程度的完全保密,可以从普遍存在的对其真实业务范围的一无所知中看出。"[2]

"在阿姆斯特丹银行存在的最后一个世纪,人们不时地对银行货币代表的所有硬币的实际存在提出了疑问,但是这些似乎很容易被糊弄过去了,或者被认为是不重要的,虽然现在看来,至少在某些情况下,这些疑问当然是有根据的。"[3]

"但是,在1790年和1791年的信息披露之前,人们似乎并没有对这家银行的安全产生严重的警觉。"[4]

之后,这家银行"在经营了182年之后"宣告破产。调查发现,它把钱借给了阿姆斯特丹市,用该市存放的公共债务代替了所借的现金,而且这种做法在公众不知情的情况下"存在了将近一个半世纪"。

"几代人以来,银行的特殊体制使政府能够掩盖这一罪恶的秘密并压制怀疑。这是一种非常有用的银行体系,在这种体系下,只

---

[1] *The Theory and History of Banking,* by Charles F. Dunbar, New York (Putnam), 1901, p. 103.
[2] 同上书,第110页。
[3] 同上书,第112页。
[4] 同上书,第113页。

要管理有方,是不可能失败的;然而,由于公众对事情的真实情况缺乏任何了解,管理者对公众舆论也不负有任何责任,这家银行最终就这样信誉扫地而破产。"[1]

就我们当前的目的而言,这种最终导致阿姆斯特丹银行破产的舞弊滥用行为,与贷出储户货币的现代方式(几乎毁灭了资本主义文明)之间的唯一重要区别是,现代制度不是秘密的而是公开实行的,并经所有有关方面的同意,受到法律或其他限制的保障,尤其是在准备金方面。研究过我国庞杂的银行法律的人都知道,这些限制极为复杂,包括1934年的《格拉斯银行法》和1935年的《综合银行法》。这些法律大多是为了尽力修补我们银行制度的缺陷,这些缺陷可以追溯到缺乏100%准备金。一旦提供100%准备金,其中大多数将不再存在。

贷出准备金的十倍

在现行的或10%的制度下,现金不是一次贷出,而是一遍又一遍贷出。下面是一个简化的假想例子,说明了这一过程是如何实现的,从而在存款和贷款之间产生了现代的紧密联系——这种联系比毁掉阿姆斯特丹银行的那种联系要紧密得多。

举例来说,6月1日,一家银行开业了,我们假设它是社区中唯一的一家银行,拥有100万美元的资本,由金库里的实际货币构

---

[1] *The Theory and History of Banking,* by Charles F. Dunbar, New York (Putnam), 1901, p. 116.

37 成。然后这家银行把钱贷出去。第一位客户借入 1 万美元,并给了银行他的本票。让我们假设,这 1 万美元的实际货币实际上是通过柜员窗口推给客户的;但是客户立即将其再次推回,也就是在银行"存款",其他客户也这样做,所以到当天结束时,整个 100 万美元已经贷出并存了回来。

到目前为止,银行仅向其客户借出了自有资金,且它的客户在收到它(该 100 万美元)之后,已经存了回来。

这些客户现在将其视为他们自己的钱。而且,在现阶段,这笔钱实际上也是(尽管从法律上来讲并不是)他们的钱而不是银行的钱;因为他们支票簿存根上记录的 100 万美元存款有 100% 的准备金,可以担保他们。

这样,我们的假想银行拥有 100 万美元的存款(这是银行对存款人的负债),并且拥有 200 万美元资产——100 万的存款现金,100 万的本票。

如果现金可以称为存款人的财产,本票则必须视为银行的财产。诚然,从法律上讲,这两笔钱都属于银行,但实际上,正如刚才所说,前者——金库中的那 100 万美元——属于储户。事实上,它可以被认为是由银行为他们托管的。

储户们可以通过支票,将各自在这 100 万美元中的份额与别人交换,用以支付食品杂货和其他一切通常由支票流通的款项。因此,目前的情况几乎与老阿姆斯特丹银行被秘密操纵之前的情况一模一样。

38 6 月 2 日发生的事情和 6 月 1 日发生的事情是一样的。也就是说,银行从金库里取出实际货币,贷给第二天的借款人——正是同样的那100万美元，这100万美元实际上属于昨天的存款人，不过在法律上属于银行；然后这些今天的借款人，就像昨天的一样，一拿到钱就马上把钱存起来——同样的那100万美元。一天结束时，银行负债为200万美元（在支票簿存根上记为现金），资产为300万美元，即100万美元现金和代表这两天贷款的200万美元本票。

在这里危险已经开始了。现在的存款为200万，而资产虽然为300万，但仅包括100万现金。该银行已经做了阿姆斯特丹银行偷偷摸摸所做的事，用本票代替了现金。现在有一半的存款是由这些本票支持的。然而就存款人而言，这200万存款仍算作现金。他们在支票簿存根上总共有200万美元，并将其都称为"银行现金"；他们以支票的方式流通全部这200万美元，就好像这是真正的零用货币一样，据估计，大约每两星期就周转一次。

银行的地位已不再是单纯的托管人。它承担了更重要的责任——提供它并不拥有的现金。它的地位正如一个卖空商品的人。它依赖良好的管理（和好运），以在需要的时候得到现金这种商品。[39]如前所述，从法律上讲，这100万美元现金以及所有其他资产都属于银行。储户对200万美元"银行中现金"的所有权已成为一种幻想。它甚至不在银行中被托管。它根本不在那里。储户并不拥有200万美元现金，不过他们通常认为自己拥有，他们的账簿上也这么说。他们真正拥有的只是索取200万美元现金的权利。

通过允许第二组存款人通过支票进行非真金白银的流通，该银行实际上制造了（仅承诺随时提供现金）100万美元的新流通媒介。存款中的每一美元，仅是银行应存款者要求提供一美元的承诺。这些立即支付其存款人的承诺，部分是基于借款人有时会向银行付款的反承诺的力量。后者,即存款人的本票,是他们一半存款的基础,另一半由那唯一的 100 万美元现金作为后盾。

6 月 3 日,银行第三次将这唯一的 100 万美元的现金贷出,并在借款人重新存入时再次将其收回。

当然,在实际操作中,这些现金很少真正地从出纳员的窗口流出再返回,而只是静静地待在金库里。通常发生的情况是,储户被告知在其支票簿存根上记录了连续的"存款"(即贷款的实收款项),每个人都得到保证,可以放心地用支票支取他的全部存款。

6 月 4 日,这 100 万美元第四次被借出和存入银行;6 月 5 日,第五次;依此类推,直到 6 月 10 日(含当日),当存款为 1,000 万美元,而现金仍为 100 万美元时(本票为 1,000 万美元)。然后(如果这家银行之前还没有歇业的话),法律就介入了——10% 的法定准备金上限已经达到。[①]

如前所述,美国的法定准备金要求并不一直是 10%,但为方便起见,以下将我们整个现行制度(即不足准备金制度)像之前那样称为"10% 制度"。

[①] 严格来讲,所举例子并不完全适用于一个社区中有其他存款银行的新银行。这 100 万美元在被借出后,通过支票转移给他人,不会全部重新存入同一家银行;而其他银行,当它们收到自己的那部分款项时,就会从新银行的金库中取出一部分资金,投入自己的金库中。准备金从一家银行的金库溢出到另一家银行的金库,这掩盖了上面强调过的事实,即多次重复贷出同一笔钱,甚至银行家也不易看出此点。

当只考虑一家银行时,重复贷出就更为明显了。但是,即使在有许多银行的地方,在把它们全部看作一个集团时,事实也同样如此。从一家银行溢出到另一家银行,只是将额外贷款转移到其他部分。

艾奥瓦大学现任院长切斯特·菲利普斯(Chester Phillips)首先明确指出了这种银行业悖论,即对银行整体适用的理论对单个银行并不适用。

第三章　准备金问题

不是现金的"现金"

大多数存款都是通过上述那种奇怪的方式——贷款——产生的。有时,少量实际的现金从一个方向或另一个方向流经出纳员的窗口——或被借走并实际取出,就像工资单一样;或存入银行,就像有现金业务的零售商店一样。但通常,在典型和大多数情况下,活期存款是由贷款产生的,就像假想中的例子一样。换句话说,在银行的帮助下,大约十分之九储户的存款是凭他们自己的承诺构成的。

除贷款(本票)和现金外,银行的资产通常还包括债券等"投资"。上述原则正如适用于贷款一样适用于这些投资;也就是说,一家银行可以仅仅通过发放存款,就从投资公司购买债券,即向这些公司"展现信用",而根本不使用任何现金,就像发放贷款时一样。结果就是通过增加投资,活期存款就增加了,如同增加贷款,以及同时增加贷款和投资一样。当然,通过减少投资,减少贷款,以及同时减少贷款和投资,活期存款就减少了。

贷款(和投资)将在第五章中讨论。在这里,我们主要感兴趣的是活期存款,即所谓的"在银行中的现金",或称为支票货币的东西——在这个范围内而言,这种性质的"现金"不是真正的现金。

如前所述,每个存款人仍称其"存款"为"他在银行中的现金"。但这么做的唯一理由是,他确信:只要他想要,他就能得到"他的"现金——而且,只要没有太多其他人想同时提取"他们的"现金,或者只要其他人存有足够的现金,他就可以这样做。只要银行能这样满足存款人的所有现金要求，1,000万美元的存款就能通过支票轻松地流通，就好像它们背后真的有那么多钱一样。在同一家银行内，从一个储户到另一个储户的支票只是转移存款（要求现金的权利）而不会触及金库中的任何现金；至于在不同银行的存款人之间，支票基本上是通过票据交换所相互抵销的；因此，无论是同一家银行的存款人之间，还是不同银行的存款人之间，一帆风顺时都不需要多少现金。

因此，我们举例说明的银行（一帆风顺时）在很大程度上免于大额提款的要求，因而能够创造奇迹。它使原来的100万美元增长到了1,000万美元。也就是说，它使流通媒介膨胀了。它利用本票或债务制造了900万美元。这种"货币"有各种不同的名称，它们实际上都有相同的含义："信用""信用货币""存款货币""在银行中的现金""我在银行的钱""活期存款""受支票支配的存款""支票存款"。在第一章中，它被称为"支票货币"。

10%准备金下，只有10%的支票货币可以恰当地被称为真正的货币存款，另外90%的支票货币是一种零用货币的人工合成的替代品，是由一种巧妙的手法创造出来的。客户认为他已经从银行获得了一笔事先存在的货币，然后将这笔钱存入银行。他没有意识到，他存入银行的"货币"实际上是由银行从他的贷款——他自己的债务——中创造出来的。他帮助银行制造货币，这种货币制造不仅关系到他自己和银行，而且关系到整个国家，就像金矿工人把黄金运到铸币厂制造货币时，关系到整个国家一样。

销毁"支票货币"

　　商业银行不仅可以创造这种合成货币,它们也可以简单地通过逆转以上过程来销毁它。以 6 月 1 日借入 1 万美元的第一位客户为例。到 9 月 1 日,在将其用于贸易之后,即购买劳动力、材料和设备,他已获得 1 万美元以及利润,并把这笔款项(主要以支票的形式)存入银行。现在,他用支票偿还 1 万美元欠款,他要从自己在银行的存款中提取这笔款项。这笔款项销毁了美国的流通媒介(1 万美元);因为它减少了 1 万美元的支票簿存根余额,并且不会增加其他人的支票簿余额。存款减少了 1 万美元,贷款也一样。

　　也就是说,正如支票货币是由产生的贷款制造的,支票货币也是由偿还的贷款销毁的。在这两种情况下,公众利益都受到了影响。

　　这是第一章关于银行实际上是私人铸币厂这一说法的基础。然而,联邦储备委员会前副主席埃德蒙·普拉特提醒我们,[①] 贷款需要两个方面。他说:"如果因为缺乏信心或任何其他原因,借款者不能挺身而出,银行就无能为力了。"这是完全正确的,但更不幸的是,这表明我们的流通媒介不仅受 14,500 个私人铸币厂的支配,而且还受数百万个人借款人的支配;普拉特还援引英国经济学家凯恩斯的话说:"最不幸的是,储户竟能主动改变社会的货币数量。"

　　但重要的一点是,正是 10% 的银行体系赋予了银行和借款人

[①] *New York Herald Tribune,* January 2, 1935.

双方膨胀和收缩流通媒介的权力——这是一种无意中赋予的权力，它给原本无辜的交易带来残酷的、全国性的后果。

以小博大的银行业

如果两方不是银行和个人，而是个人和个人，那么他们就不能通过贷款业务来使流通媒介膨胀，原因很简单，即贷款方不能像银行一样把自己没有的东西借出去，而银行却可以并且确实这么做了。一个人不能从他的钱包里借出 10 美元，除非他的钱包里有那么多钱可以借出。如果他把钱借给别人，钱就不在他的钱包里了。他不能将 10 美元放在钱包里，而先后将其借给十个不同的人，只是承诺每个人需要时为其提供 10 美元贷款。但是，如果他将自己并入一家商业银行（并且是社区中唯一的银行），他就能做到这样的事情——他可以持有 10 张借据，总计 10 万美元，并希望借款人通过对他开出支票，继续流通 10 万美元（其中 9 万美元是虚构的），而他侥幸希望，他们永远不会一次性兑现超过 1 万美元的支票。

只有商业银行和信托公司可以贷出他们通过放贷制造的货币。储蓄银行不创造存款。它贷出存入它的资金。

同样，两个人不能通过清算使流通媒介紧缩；一家储蓄银行和一个人也不能。

那么银行自身会面临什么样的危险呢？

正因为商业银行和信托公司总是在较少现金基础上运作大量不同数量的"信用"或支票货币，它们发现自己陷入了一种困境，就像一名卡车司机在一辆非常小而窄的货车上携带大量干草一样。

在平坦的道路上一切顺利，但当道路崎岖的时候就不会了。

10%制度的本质缺陷

具有讽刺意味的是——不知他们自己是否意识到——"保守的"银行家会建议他的客户不要使用杠杆投机，不要以小博大去经营，不要用别人的钱去投机，不要做空。

有一位银行家经验颇丰，这使他信奉100%计划，他对我说："没有一个真正的商人会想用像普通商业银行那样的资产负债表来经营自己的业务，如果他尝试一下的话，没有一家商业银行会借给他任何钱。如果您不相信，可以到任何一家商业银行去试试。拿着伪装得足够隐蔽的本公司资产负债表，向一家银行申请贷款，并询问这家银行的信贷员，他会为这家公司提供多少信贷——这家公司的活期负债是其现金的10倍，而其名义上速动资产或流动资产也大都被冻结了！"

诚然，一帆风顺时这些银行能逃脱破产，在英国和加拿大，甚至是在逆境中也能如此。它们只能通过伤害公众来自救，也就是说，通过紧缩流通媒介。因此，不仅银行家会拒绝批准他的商业客户像他自己那样使用这么少的资金做生意，而且他自己甚至比客户更没有理由使用少量资金做生意。进一步说，我们更没有理由允许银行家从事这种危险的行为，因为摇摇欲坠的银行准备金会动摇整个商业结构。通过通货膨胀和通货紧缩，10%制度伤害了我们所有人，包括无辜的旁观者。

芝加哥大学一些支持100%制度的经济学家，在一篇备忘录中写得好:"如果某个恶毒的天才试图加剧商业和就业周期的困难,他很难比建立目前这种形式的私人存款银行制度做得更好。"

较少的准备金,以及由此产生的活期存款与贷款之间的联系,构成了我国现行银行制度的重大缺陷。这些问题及其致命后果可概括为下列四个命题,我将在第七章中对其进行更充分的讨论:

(1)10%制度将支票货币与银行贷款(和投资)联系起来。

(2)这种制度和这种联系会导致银行挤兑和破产。

(3)随着银行贷款(和投资)的膨胀或收缩,它们还会导致我们的主要货币(支票货币)的膨胀和紧缩。

(4)银行贷款膨胀和紧缩以及支票货币膨胀和紧缩,是造成经济大泡沫和大萧条的主要原因。

将这四个命题放在一起,我们有理由说,10%银行体系是我们最近经历的可怕灾难的主要加剧因素。

联邦储备体系作为补救措施

美国联邦储备体系成立于1914年,目的是修正美国10%制度中的部分(并非全部)故障。

在联邦储备体系中有12个区,每个区有一个中央银行(地区的联邦储备银行)和一组所谓的"成员银行"。某一地区的商业团体向成员银行借款并存入成员银行;成员银行向联邦储备银行借款并存入该银行。此外,成员银行在储备银行的存款构成了成员银行的准备金。也就是说,今天我们与之交易的银行本身根本无需现金储备!它们只需要保持信用准备金,即联邦储备银行一经要求立即提

第三章 准备金问题

供现金的承诺。

根据成员银行所在地的不同，法律规定这些准备金至少相当于公众在成员银行存款的 7%、10% 或 13%。法律要求联邦储备银行对成员银行的存款保持 35% 的准备金。只有这种准备金——由储备银行保存的准备金——必须是现金或无记名货币。"合法货币"是更正式的法律表达。因此，在一个小镇上，拥有 10 万美元活期存款的银行必须保留 7% 或 7,000 美元的准备金，所有这些都存在联邦储备银行。接着，在这笔存款背后，联邦储备银行必须保留 35% 的准备金，即 2,450 美元的实际现金。意思是公众持有的 10 万美元存款仅有 2.45% 的现金，或约 2.5%。简而言之，在小城镇，支票存款只需要有 2.5% 的现金储备（即 35% 的 7%）。同样地，一个有 10 万美元存款的中型城镇的银行必须在联邦储备银行中保留 1 万美元的存款作为准备金，而联邦储备银行则保留 3,500 美元的现金或 10 万美元存款的 3.5% 作为准备金。对于大型城镇，需要的现金为 35% 的 13%，约为 4.5%；也就是说，在 10 万美元的活期存款后面有 4,500 美元的现金。

因此，我们美国的活期存款制度，在本书中我们称之为"10%"[50] 制度，比字面意义上的"10%"制度要糟糕得多。根据我们的联邦储备法，它实际上是一个 2.5%、3.5% 和 4.5% 的制度！此外，就准备金而言，它比联邦储备体系建立之前还要糟糕。当时的想法是通过集中银行准备金来提高其安全性。但这一增加的安全因素后来被降低准备金的要求所抵消。这种弱化遭到了一些银行家的反对，包括亚特兰大联邦储备银行的亨普希尔先生。他本来会朝相反的方向改变准备金要求。

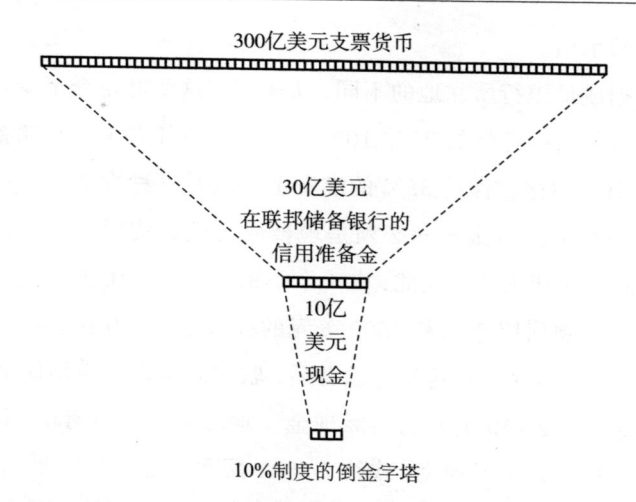

```
        300亿美元支票货币
        ═══════════════════
         ╲               ╱
          ╲             ╱
           ╲   30亿美元  ╱
            ╲ 在联邦储备银行的╱
             ╲ 信用准备金 ╱
              ═════════
              │ 10亿  │
              │ 美元  │
              │ 现金  │
              ═══════
```

10%制度的倒金字塔

10 亿美元现金支持 300 亿美元活期存款。这一制度头重脚轻,并不稳定。因此,支票货币可以缩减到 30 亿美元(或理论上甚至到 10 亿美元),然后再次扩张。在 100%制度下,底部和顶部一样宽。

51 成员银行可以通过"再贴现"来创造一部分准备金。也就是说,在客户的票据被成员银行贴现后,成员银行可以让联邦储备银行对其进行再贴现。此外,如果成员银行向联邦储备银行出售证券,它可以将购买资金存入联邦储备银行,从而增加成员银行的准备金。

此外,联邦储备银行可以采取或影响下述业务活动,从而导致成员银行增加或减少其准备金;也就是说,储备银行可以:

(1)提高或者降低再贴现率;

(2)购买成员银行的证券或向成员银行出售证券。这第二个权宜之计(即买进或卖出)构成所谓的"公开市场操作"。

这两种方法理论上可以用来,并且也被用来应对 10% 制度的危险——挤兑和破产的危险，以及通货膨胀和通货紧缩的危险。

但是，联邦储备体系运行后，与引入该体系之前相比，我们遭受的失败更加严重，通货膨胀和通货紧缩也更加严重！直到发生之前，谁也没有想到会出现1920年那样突然、剧烈、严重的通货紧缩。十年之后的通货紧缩则更糟糕。

最近试图仅仅通过监管贷款的种类来改革或"修复"联邦储备体系，就没有抓住要点。什么种类的贷款是允许的，这是比较无关紧要的。重要的是准备金不足。

最本质的缺陷在于，美国银行业一直试图用少量真实货币来经营全国商业活动。

准备金一直起伏不定

因此，整个银行业的历史似乎就是准备金要求起伏不定。存在着一个滥用、补救和规避的循环。个人银行家受利润的诱惑而减少他的"闲置"准备金；然后，法律将更高的准备金或准备金合并作为补救措施；银行家的回应是找到一种规避这些保障措施的方法，这使我们以某种新形式回到了最初的滥用行为。

例如，几个世纪前，银行制度开始的情况是，金匠和第一批储蓄银行是全部100%准备金。银行家为了使用"闲置"黄金，"发展"到一个世纪前的"自由"或野猫银行业务，在美国，这在很大程度上是由于州银行券的担保不足。就美国的州银行券问题而言，这种滥用已在美国得到纠正，方法是对州银行券征税，使其不复存在，而代之以国民银行券，在政府的支持和保障下得到更好的担保。后来我们又增加了联邦储备券,这是一种表面上的政府债务。

在英国,相同类型的滥用(尽管程度较轻)得到了更好的解决。1844年,通过一位伟大的政治家罗伯特·皮尔爵士(按照银行家兼经济学家李嘉图的早期建议[①]),英格兰银行被要求至少部分地恢复100%准备金制度。

早期的滥用与可兑换黄金的纸币有关,后来的滥用与可兑换合法货币的存款有关,现在仍然如此。但问题几乎总是一样的——准备金不足以防止流通媒介的膨胀和紧缩。

银行准备金短缺总是一个威胁。

支票货币逃避对纸币的准备金限制

在英国,1844年纸币准备金不足的问题刚刚得到解决,就以存款准备金不足的形式重新出现。当罗伯特·皮尔爵士必要地将100%原则应用于部分英国纸币发行时,活期存款还没有成为一个问题。它们几乎不存在。但它们的滥用很快变成了一个问题,就像以前的纸币滥用成为问题一样。诚然,银行不能再印制和向其客户发放担保不足的银行纸币,但它们可以向客户提供担保不足的银行存款或支票货币——一种人工合成的替代品。这种准货币可以通过手写支票自由流通,就像旧版的货币可以通过印刷纸币自由流通一样。

出于本能,银行将活期存款作为规避纸币的发行限制的一种方

---

① *Works*, p.499.

第三章 准备金问题

式。因此，这种现代的存款危机取代了旧的银行券危机。从公共政策的角度来看，现代形式比古代形式更配得上"野猫银行业"这个令人生厌的绰号。

这种风险的增长尤其隐蔽，因为在人们的头脑中，活期存款最初是与定期"存款"和储蓄"存款"（它们不用作流通媒介）联系在一起的，而不是与更类似于活期存款的银行券联系在一起的。的确，支票既不是"合法货币"，也不是法定货币。除非得到接收者的特别同意，否则它不会直接流通。因此，它不像国民银行券，对任何一个持有者都有同等用途。

但正是这个事实（支票不是无记名货币）是麻烦的主要部分，因为它掩盖了支票所支配的银行存款本质上的货币地位。当普通储户都以为他有"银行里的现金"时，银行家知道，这种"现金"实际上仅是"信用"，即银行欠储户的债务。结果是，我们在观念认识上反复无常，把货币当作"现金"，把信用当作"现金"。时而你看到它了，时而你看不到了！这就解释了为什么今天很少有人意识到，毁灭80亿美元支票货币是这次大萧条的主要原因。

如果能更全面、更迅速地认识到活期存款实际上就是货币，那么早就应该将其作为货币对待。然而，即便建立了联邦储备体系，其建立的目的正是为了提高准备金的有效性，也相对忽视了调节存款准备金的问题。结果就是，根据《联邦储备法》，纸币必须有40%的准备金作为支持（并且全部为黄金或金元券），而活期存款，正如已经指出的那样，仅需要2.5%、3.5%和4.5%的准备金支持，且不一定是黄金，而仅仅是"合法货币"。

55

当前的准备金问题

可以说,这种准货币(活期存款)现在已成为我们的主要流通媒介,而银行券现在只不过是我们的零用钱。纽约联邦储备银行截至 1933 年 12 月 31 日的年度报告(第 18—19 页)说:

"……在 1930 年之前的 50 多年中,通货在美国货币供给中的重要性几乎一直在不断下降,而银行存款作为一种支付手段的重要性却在不断提高。在 1873 年和 1874 年,流通中的通货大约等于所有商业银行的存款总额。到 1880 年,通货与存款的比率下降到 50% 以下,到 1910 年下降到不足 25%,到 1930 年下降到大约 10%。随后,该比率提高到大约 18%,部分是因为贮藏导致流通在外的通货增加,部分是因为 1930—1933 年期间银行存款迅速减少。"①

获得无通知支票支配的个人存款的单独统计数据很难,在我的建议下,奥尔德里奇委员会花了很大的代价,才从货币监理署办公室当时未公布的记录中找出。那是在 1910 年,当时我需要利用这些统计数据填写我所称的"交易方程式"。② 从那时起(尽管有些含糊),此类统计数据定期发布。然而,就在几年前,联邦储备委员会的一位理事承认,他甚至不知道它们的存在,更不用说它们的重要性了。我们在监控"通货"或零用货币时多么谨慎,而在监控支票

---

① 然而,应该指出的是,上述数字虽然是正确的趋势,但在一定程度上夸大了存款货币的相对重要性,因为它们所包括的存款种类要多于支票支配的活期存款。

② *The Purchasing Power of Money,* New York (Macmillan), 1911.

货币时又是多么粗心啊!

存款比纸币需要更多的准备金

支票货币背后确实需要大量的准备金,远多于零用货币,这是因为支票货币的体量通常是零用货币的 6—7 倍,而且支票货币不是无记名货币。就其作用而言,2.5%、3.5% 和 4.5% 的存款最低准备金率与 40% 的联邦储备券最低准备金率之间的对比应该颠倒过来,因为(理由之一)兑换联邦储备券的实际需要要小于兑换存款的实际需要。联邦储备券是真正的货币,能够在人们之间普遍地流通,因此,赎回仅仅意味着用一种形式的真实货币来代替另一种形式的真实货币。但是,存款并不是真实货币,不能在人们之间普遍地流通。每天都有人需要用真实货币来代替它们,例如将"支票兑换成现金"以发放工资。

因此,如果 2.5% 或 4.5% 的准备金率对存款来说是足够的,那么 1% 或 2% 应该足以满足联邦储备券。或者说,如果联邦储备券需要 40% 的准备金率,那么存款需要的准备金率应该远远超过 40%。这两项准备金要求如此不相匹配的原因,无疑可以在过去的历史中发现。长期以来,银行券一直被滥用,对"野猫银行"的回忆使今天的银行家们都不愿再发行纸币了;但存款背后没有这样的历史或记忆。因此,如今的银行家利用存款,就像他们的祖先利用纸币一样。当前的大萧条是合乎逻辑的结果。

但是,对于存款货币来说,需要 100% 的准备金率的主要原因是,在我们目前的制度下,货币数量的波动。这并不同样适用于银行券背后的准备金。印制的银行券赎回后仍然存在,可以重新投入流通。但是,笔写的支票货币一旦赎回,就不存在了,因此只有在银行可以提供新的贷款或投资时,才可以重新发行。在100%制度下,我们的流通媒介规模不再依赖于贷款。这是100%制度的根本优势,而对货币不依赖贷款的追求正是促使笔者写作100%制度的出发点。一位国会议员曾问我:"难道你就不能找到这样一种制度,使国家货币充足,不需要有人在银行里互换债务吗?"

简而言之,如上所述就是我们现代的银行存款准备金问题比古代的银行券准备金问题严重得多的原因。

解决这个现代准备金问题(即如何实现支票货币和零用货币的相互兑换)为数不多的几项努力之一是,加拿大根据1934年6月28日法案所做的努力。根据该法,加拿大的任何银行都可以在一定的限制条件下,在其分支机构存放多余的本行银行券,要妥善保管,用于紧急赎回存款。这不是100%制度,但它朝着这个方向迈出了一步。该法还规定,加拿大各银行发行超过一定数额的银行券,必须由政府货币100%担保。这类似于英格兰银行的100%准备金条款,甚至更类似于本书的建议。

我们已经看到了充足和不足准备金之间的长期拉锯战。这种不足现在已经到了最糟糕的地步。我们的100%原则已经部分地被引用,如果被完全引用,这场拉锯战将彻底结束。

第四章　100%制度如何进行存款

引　言

现代银行业务包括四项主要职能：第一，货币兑换，如外汇业务；第二，发行银行券；第三，活期存款银行业务，为存款人提供支票付款的便利；第四，通常的借贷和投资。美国的许多银行同时从事这四种业务；有些银行，如投资银行、储蓄银行和信托公司，更强调其中一种职能；商业银行强调短期贷款和活期存款。

显然，100%制度不会对货币兑换造成太大的影响，因此这里无须讨论。至于发行银行券，100%制度可以适用于银行券，如同适用于存款一样。[①]

本章将讨论活期存款银行业务，下一章将讨论贷款业务。活期存款银行业务在100%制度下是如此简单和容易理解，以至于不需要特殊的银行天赋。如其他地方所述，支票支配的货币将被保存在一个单独的"支票银行"中，该"支票银行"可以是原银行的一个部门或隶属于原银行。因此，每个原来的商业银行将被分成一个支票银行或部门以及一个贷款和投资银行或部门。

---

① 见第九章。

当然，贷款部门可以像其他储户一样，把自己的现金存入支票银行或部门，然后提取现金或用支票转账。

货币委员会将把所有的活期存款准备金提高到 100% 的过程已经被描述过了，也就是说，购买一些银行的非现金资产，然后用货币委员会账上的信用来支付。

委员会最好通过各联邦储备银行来做到这一点，作为它与成员银行打交道的代理人。如前所述，它还将以同样的方式为联邦储备银行本身提供 100% 的准备金。

在下文中，为说明简单，我们将忽略联邦储备体系之外的任何银行。（我们还将忽略美国财政部现在发行的货币以及属于美国财政部的货币和银行存款。）

100% 制度运行的第一天

转换到 100% 制度后，我们的银行系统将会是什么样？现在，它将分为三个阶段或层次：数千家成员银行、12 家联邦储备银行和最高层的货币委员会。

为了方便起见，我们假设新制度是在一夜之间一次性安排好的。在转换后的第一天，将会出现与前一天完全相同的贷款、相同的存款和相同的公共流通媒介总量；也会存在同样的资产，但是非现金资产的分配会有所不同。在这些非现金资产中，货币委员会现在将持有一些以前由联邦储备银行和成员银行持有的资产，联邦储备银行将持有一些之前由成员银行持有的资产。

因此，资产会有向上游的不同转移，既可以是一次跃升两个阶段,也可以是跃升两个阶段中的一个或另一个。在这三种情况下,都将在这些非现金资产和存款之间插入一层货币(现金),以使现金支持达到新要求的100%。(因此,这种夹在中间的新货币既可以算作资产,也可以算作负债——持有它的银行的资产和货币委员会的负债,即该委员会对上述银行的负债。)

说明性资产负债表

那些习惯于研究资产负债表的人可能会对下面列出的假设账户感兴趣。它们显示了100%制度的引入将如何在一夜之间影响每个主要项目。资产发生变化,负债保持不变。

第一张表是为12家联邦储备银行而制。

表1 12家联邦储备银行的假设性合并资产负债表[①](单位:10亿美元)

资产	前	改变	后	负债	前后不变
金库中的合法货币	5	+1=	6	成员银行在联邦储备银行的存款	3
美国证券	3	−1=	2	联邦储备券(联邦储备银行发行的公共流通媒介总量)	3
其他	1		1	资本等	3
	9		9		9

---

① 此处不考虑补偿利润损失的影响。

负债部分的前两项，存款和银行券，代表了在变更之前或之后可用作货币的所有内容（以联邦储备银行所发行的为限）。这两项的总额（在本假想例子中）为 60 亿美元，而这 60 亿美元流通信用背后的现金（见资产）为 50 亿美元（在采用 100% 制度之前）。只需要增加 10 亿美元就可以补足所需的 60 亿美元——使这 12 家联邦储备银行的准备金率达到 100%。货币委员会从 12 家联邦储备银行购买 10 亿美元的美国证券，完成了对现金的这一补充。因此，唯一的变化是前两个资产项中分别的"+1"和"-1"。在这些变化之后，存款加上银行券总共（60 亿美元）得到了 100% 的担保，即 60 亿美元现金。

下面的表 2 显示了我国的成员银行将受到怎样的影响。

货币委员会将增加 120 亿美元现金给成员银行（见资产部分），其中 100 亿美元来自出售美国证券，20 亿美元来自再贴现[①] 贷款。结果将使成员银行的"现金"（前两项的总和）从 40 亿美元增加到 160 亿美元，这在负债方面将与流通媒介总量（活期存款和国民银行券）相匹配——这些流通媒介由成员银行发行并在公众中间流通，即在这些银行外部流通。（表 1 和表 2 显示，30 亿美元联邦储备券总共产生了 190 亿美元公共流通量。*）

前两行的负债和资产分别代表 160 亿美元的公共流通媒介和 160 亿美元的 100% 现金准备金（转变后），构成了银行支票部门的

[①] 在实践中，我倾向于不允许货币委员会对贷款进行再贴现，即购买本票，而是将他们的购买完全限制在政府债务上。然而，在本章中，我希望说明所有可能的操作。

* 即 30 亿美元联邦储备券，150 亿美元成员银行活期存款，10 亿美元国民银行券，加起来共计 190 亿美元。——译者

合并资产负债表。这两行下面的所有内容构成了银行其余部门或贷款部门的合并资产负债表。

表2　成员银行的假设性合并资产负债表（单位：10亿美元）

资产	前	改变	后	负债	前后不变
金库中的货币	1	+12 =	13	活期存款	15
准备金（联邦储备银行中）	3		3	国民银行券	1
	4		16	成员银行发行的公共流通媒介总量	16
美国证券	10	−10 =	0		
贷款	20	−2 =	18	定期存款	21
其他	10		10	资本等	7
	44		44		44

下表显示了转变后货币委员会的资产负债表：

表3　货币委员会的假设性资产负债表（单位：10亿美元）

资产		负债	
美国证券①	11	委员会货币②	13
贷款③	2		
	13		13

---

① 参见表1的"−1"（资产部分，中间列）和表2的"−10"（资产部分，中间列）。
② 参见表1的"+1"（资产部分，中间列）和表2的"+12"（资产部分，中间列）。
③ 参见表2的"−2"（资产部分，中间列）。

基础数据

这些表中所列的公共流通媒介总量①将达到190亿美元。在插入130亿美元委员会货币(即在联邦储备银行中插入10亿,在成员银行中插入120亿)之前和之后都是如此。这190亿美元将由三部分组成:30亿联邦储备券(见表1,负债部分)、10亿国民银行券(见表2,负债部分)和150亿活期存款(见表2,负债部分)。

我们可以把这三个数字列成表,它们是本章的基础数据,如下所示:

表4 公共流通量构成(单位:10亿美元)

	前	后
联邦储备券	3	3
国民银行券	1	1
	4	4
支票货币	15	15
	19	19

因此,如上述假设表格所显示,在公共流通中,全国的实际货币(零用货币)总额会是("之前"和"之后"都是)40亿美元;(在两种情况下)支票货币会是150亿美元。但是,此支票"货币""之后"的地位与"之前"的地位非常不同。采用100%准备金后,我们

---

① 当然,这里不包括联邦储备银行的成员银行存款,它们只是银行间项目。

不妨省略"货币"一词的引号；因为，实际上，这种支票货币全都将是货币——存起来的货币，而不是像以前那样，只有一部分是货币，而绝大部分只是一经要求立即提供货币的承诺。

显然，在这个例子中，130亿美元的委员会货币并没有给银行外的公共流通增加1美元；它只是在银行业机器内部插入了一个新的和必要的齿轮，以确保这个机器在任何时候都能平稳地工作，特别是在需要赎回的时候。在此插入之前，如表中所示，银行中仅有现金60亿美元，其中50亿美元存于联邦储备银行（见表1，资产部分），10亿美元存于成员银行（见表2，资产部分）。60亿美元这个不足的准备金现在被提高到100%，即190亿美元——通过引入130亿美元的委员会货币，120亿美元进入成员银行，10亿美元进入联邦储备银行。

无论是改革前的60亿美元准备金，还是改革后的190亿美元准备金，都不是公共流通量的一部分，而只是躺在银行里为流通提供支持。改革之前，只有60亿美元的现金储备（其中50亿在联邦储备银行，10亿在成员银行）支持了银行外部190亿美元的公共流通量；改革之后，银行内部有190亿美元准备金支持银行外部190亿美元的公共流通量。

第一天之后的存款操作

第一天的图景到此为止。

在第一天之后，之前任何一家银行的贷款职能和存款职能将被分开，由两家独立的银行（或同一家银行的两个部门）执行，其中一家是新的支票银行或部门。正如所评论的那样,贷款部门可以把自己的现金存入支票部门,并像其他储户一样用支票转账。私人储户的操作将与以前完全相同。他开支票,收支票,兑现支票,把支票或现金存入支票部门,和以前完全一样。但是,他和银行都不能再增加或减少全国的流通媒介总量,所有这些流通媒介现在都是真正的货币,而不是凭空想象出来的。

由史密斯开出的任何支票,都只针对史密斯在银行金库中所占的份额,而从不针对其他人的份额,即使是小部分也不会;他从琼斯那里收到的任何支票,都将代表金库中原属于琼斯的一部分现金,但现在已经转给了史密斯;如果史密斯把这些支票存入银行,他就是授权银行记录这次金库现金所有权的转移;如果他把一张支票换成现金,他只是从自己在银行的金库里拿走一部分现金,放进口袋或钱柜里;如果他最后存钱,他就会从口袋里或钱柜里拿出钱来,放在金库里,根据他的指示,用支票支付。

支票货币和零用货币之间的相互流动只会改变货币的存放地点。它可以在不影响国家货币总量的情况下进行任何程度的调整。例如,回到说明性表格(尤其参见表4):如果一次将100亿美元的存款以现金(委员会货币)形式提取,则流通的零用部分将会增加100亿美元(从40亿美元变为140亿美元),但支票部分也将同样减少100亿美元(从150亿美元减少到50亿美元)。总公共流通量(即在银行外部)将保持190亿美元(即从40+150亿美元变为140+50亿美元)。银行的贷款业务、它们的客户也同样都不可能改变整个公共流通量。只有货币委员会才能做到这一点。存款的偿还或提取也不会削弱剩余存款背后的银行准备金。对于剩余的存款，准备金将始终保持100%。100亿美元的提现只会改变活期存款的情况，从由150亿美元实际货币支持的150亿美元活期存款变成由50亿美元实际货币支持的50亿美元活期存款。

在10%制度下取款

这一切与目前10%的不足准备金制度有何不同是显而易见的。在10%制度下，银行及其客户的行为影响准备金率，更重要的是影响公共流通总量；因为存款（负债部分）随着贷款（资产部分）上升和下降。

虽然最后一个命题已经被强调了许多次，但它是这一图景中的重要组成部分，因此在这里再次以前述说明性表格中所取的数字加以阐释。读者如果愿意，可以很容易地根据下述分析中的每个假定步骤，自己补充适当的资产负债表。

首先，很明显，根据前两个表，在所谓的10%系统下（第一资产栏），一次性提取100亿美元的现金是不可能的——系统中不存在足够的现金。但是让我们想象一个更渐进的取款过程，首先是10亿美元，然后又是10亿美元；并遵循资产负债表两侧同等变动的结果。

显然，10亿美元可以很容易地取出来。这可能会耗尽各成员银行自身金库中的10亿美元现金（见表2），但它们仍有30亿美元存款在联邦储备银行，后者可以从它们金库中的50亿美元里随时取出（见表1）。

此时，成员银行拥有这30亿美元的现金，但仍有140亿美元的未偿活期存款(即表 2 中的 150 亿,负债部分——减去刚提取的 10 亿)。这样,公共流通中的零用货币就会比以前多出 10 亿美元或总量变为 50 亿美元(以前是 40 亿美元;见表 4)。

然而,流通媒介总量将不受干扰(190 亿美元或 140 亿加 50 亿美元)。贷款规模也不必受到干扰。

尽管在这种情况下,总流通量在 10% 制度下不会像在 100% 制度下那样受到影响,但美中不足的是:准备金率会降低。①

---

① 为了便利所有希望从微观上关注准备金率如何受到影响的数字例证的读者,扩展如下内容:

如前所述,在 100% 制度下,准备金将保持 100%。举个例子,在这个制度下,成员银行的准备金率在提取 10 亿美元现金之前,是 15∶15,之后是 14∶14——都是 100%。

而在 10% 制度下,准备金率在提款前为 4∶15(或 27%),在提款后为 3∶14(或 21%)。

两种制度下的准备金表现出差异的数学原因是显而易见的。相等两数(15 和 15)同等减少不会改变它们的比率,但是不等两数(4 和 15)同等减少肯定会改变它们的比率。

同样,在不影响公共流通媒介的情况下,也可以提取第二个 10 亿美元;公共流通媒介仍然是 190 亿美元(货币部分现在是 60 亿,存款是 130 亿)。但是准备金率(已经降至 3∶14,即 21%)现在将降至 2∶13(即 15%)。

提取第三笔 10 亿美元将使准备金率降至 1∶12,而不会减少全国的总流通量。但是,该比率 1∶12(约 8%)低于法定最低限额 10%。然而,即使如此,银行也可以将比率恢复到 10% 或更高。因为联邦储备银行通过"公开市场操作",可以购买成员银行的 10 亿美元债券,用现金支付(从而减少它们自己的储备)。成员银行的准备金将再次变为 20 亿美元;当然,存款将仍然是 120 亿美元;这样准备金比率可以提高到 2∶12(或 17%)。公共流通总量将一直保持为 190 亿美元(货币 70 亿,存款 120 亿)。

然后,成员银行就可以用增加的现金又还清 10 亿美元存款,从而在不改变总流通量的情况下增加 10 亿美元的公共现金。它们的准备金将再次降至 10 亿美元,存款将降至 110 亿美元,准备金率将降至 1∶11(或 9%);公共流通量将保持为 190 亿美元(货币 80 亿,存款 110 亿)。

准备金率将再次过低,无法符合法律规定。为了解决这个问题,如果有必要,联邦储备银行可以通过公开市场操作再释放 10 亿美元。然后成员银行的现金将再次增加到 20 亿美元,存款将保持 110 亿美元,准备金率将为 2∶11(或 18%),公共流通量仍是

第四章 100%制度如何进行存款

当成员银行的准备金率接近法定的最低限额10%时,联邦储备银行可以通过购买成员银行的资产提供现金来提高它们的准备金,因此降低了储备银行自身的准备金;直到最后,成员银行的准备金率可能降至10%,储备银行的降至35%。

从那时起,成员银行获得更多现金的唯一途径就是从公众那得到。但问题是,公众本身也想从银行获得更多的现金!银行和公众之间的现金争夺战现在开始了。

银行从公众那里获得现金的方式有:收回被称为"赎回贷款"(call loans)的贷款,或拒绝续贷到期贷款,或向公众出售它们的一些投资。它们要求现金是为了满足储户对现金的需求,所以它们现在实际支付的现金根本不会增加公众的净现金总量,因为它一定首先来自公众。银行简直是拆东墙补西墙。但是存款当然会随着存款的付清而减少,所以公众手中的流通媒介总量也会随着存款的减少而减少。

在此例中,银行为了向公众支付现金而开始从公众手中收回现金,从这一时刻开始,银行就在引发通货紧缩。如果通过出售非现金资产换取现金,它们从公众那里得到10亿美元,以偿还公众的现金存款,那么这些存款就会减少10亿美元,从100亿美元减少

190亿美元(货币80亿,存款110亿)。但是,储备银行连续花掉的每10亿美元,都会危险地削弱其自身的准备金率,即现金与存款负债的比率。

接着,让我们假设联邦储备银行拒绝提供最后提及的10亿美元以外的资金。我们仍然可以假设,成员银行又向坚决要求的储户提供了10亿美元现金。银行的现金现在为10亿美元,存款为100亿美元,准备金率为1:10(即10%),公共流通量仍为190亿美元(货币90亿,存款100亿)。但是现在,银行再也没有前进的可能。它们所有的余地都被用尽。它们将准备金率降至10%;如前所述,联邦储备银行不会再提供任何帮助。

到 90 亿美元，而这一次，零用货币没有增加，仍然是 90 亿美元。也就是说，支票货币减少了 10 亿美元，而零用货币保持不变，因此总流通量减少了 10 亿美元，从 190 亿美元减少到 180 亿美元。此时结果将是：准备金 10 亿美元，存款 90 亿美元；准备金率 1∶9（或 11%）；公共流通量 180 亿美元（现金 90 亿，存款 90 亿）。

表格说明

我们现在可以通过下面的表格来回顾前面关于提取现金等的一系列步骤，下面的表格也分为几步进行。

表 5　10% 制度下贷款与流通量的关系（单位：10 亿美元）

	成员银行的准备金率（现金/存款）	公共流通媒介		
		零用货币	支票货币	总计
公众提取 10 亿美元后	3/14（21%）	5	14	19
公众提取 10 亿美元后	2/13（15%）	6	13	19
公众提取 10 亿美元后	1/12（8%）	7	12	19
美联储提供 10 亿美元后	2/12（17%）	7	12	19
公众提取 10 亿美元后	1/11（9%）	8	11	19
美联储提供 10 亿美元后	2/11（18%）	8	11	19
公众提取 10 亿美元后	1/10（10%）	9	10	19
银行收回 10 亿美元且公众提取 10 亿美元后	1/9（11%）	9	9	18

第四章 100%制度如何进行存款

续表

	成员银行的准备金率 （现金/存款）	公共流通媒介		
		零用货币	支票货币	总计
银行收回10亿美元且 公众提取10亿美元后	1/8（12%）	9	8	17
银行收回10亿美元且 公众提取10亿美元后	1/7（14%）	9	7	16
银行收回10亿美元且 公众提取10亿美元后	1/6（17%）	9	6	15

上表说明了自1929年以来在美国发生的那种通货紧缩。

表6显示，在100%制度下，不会发生这种通缩，也不需要美联储的援助或银行从公众那里收回钱款，以便将其提供给公众。

表6 100%制度下贷款与流通的关系（单位：10亿美元）

	成员银行的准备金率 （现金/存款）	公共流通媒介		
		零用货币	支票货币	总计
公众提取10亿美元后	14/14（100%）	5	14	19
公众提取10亿美元后	13/13（100%）	6	13	19
公众提取10亿美元后	12/12（100%）	7	12	19
公众提取10亿美元后	11/11（100%）	8	11	19
公众提取10亿美元后	10/10（100%）	9	10	19
公众提取10亿美元后	9/9（100%）	10	9	19

续表

	成员银行的准备金率 （现金/存款）	公共流通媒介		
		零用货币	支票货币	总计
公众提取 10 亿美元后	8/8（100%）	11	8	19
公众提取 10 亿美元后	7/7（100%）	12	7	19
公众提取 10 亿美元后	6/6（100%）	13	6	19
公众提取 10 亿美元后	5/5（100%）	14	5	19
公众提取 10 亿美元后	4/4（100%）	15	4	19
公众提取 10 亿美元后	3/3（100%）	16	3	19
公众提取 10 亿美元后	2/2（100%）	17	2	19
公众提取 10 亿美元后	1/1（100%）	18	1	19
公众提取 10 亿美元后	0/0（100%）	19	0	19

给出这些长表是为了毫无疑问地抓住一个极其重要的事实，那就是不足准备金（10%）制度（经过一段延迟，在此期间准备金率下降）在某些情况下将迫使流通媒介紧缩，而在 100% 制度下，这种迫使永远不会发生。不论发生什么干扰，如生产过剩、负债过度、工农业价格失调、过度自信、银行经营不善、银行倒闭，流通媒介仍将保持 190 亿美元。不管发生其他什么事，都不会发生像最近 230 亿美元支票货币凭空消失 80 亿，和随之而来的我们创造和交换财富的中断，以及长期的失业和破产这样的悲剧。一言以蔽之，银行体系中的 10% 准备金制度是我们货币体系中松动的螺丝钉。

第四章 100%制度如何进行存款

现金争夺战

在10%制度下,通缩一旦开始,就会持续下去。由于存款的消失,公共流通媒介从190亿美元缩减到180亿美元,从180亿美元缩减到170亿美元,从170亿美元缩减到160亿美元,依此类推。银行在与公众争夺现金的过程中所采取的行动,将加速这种紧缩。

在这场争夺战中,银行从公众那里得到货币,它不会满足于仅仅为了以足够快的速度来偿还给公众。在大多数情况下,它们会比这个速度更快地得到钱,以便处于"更具流动性"的位置来渡过难关。它们会很自然地告诉客户,它们必须这样做才能保护他,这在一定程度上是正确的。但是,银行的主要动机是为了保全自身的利益,其最终结果是以牺牲公众的流通媒介为代价来增加自身的现金储备。实际上,它们暂时成了公众的敌人。

它们不仅"拆东墙补西墙";更有甚者,它们平均从彼得那里抢了10美元,仅付给保罗1美元。这正如第三章解释的那样,由于每1美元可以10倍放贷,公众每获得1美元现金,就会损失10美元的存款。

银行也别无他法。公众在萧条中责怪个别银行家是完全错误的。这是银行制度(10%制度)有问题。在这种制度下,当应该创造货币的时候,也就是在萧条时期,银行家们无法不去销毁货币;而在泡沫时期,他们在应该销毁货币的时候却创造了货币。

第二章指出,1929—1933年期间,公众钱包里的现金增加了约10亿美元,而支票货币却减少了80亿美元。但是减少货币数量并不是唯一种类的通货紧缩。除了减少流通媒介的数量外,这种对现金的争夺还会导致其流通速度放缓——这是另一种形式的通货紧缩。我们所谓的"贮藏"只不过是接近于零的流通速度。贮藏并不是一种独立的通缩形式。主要是由争夺现金引起的。如果没有对现金的争夺,贮藏的动机就会很小。

第七章将指出双重收缩——数量和速度(包括贮藏)一起收缩——的严重后果。

在 10% 制度下存款

我们现在已经看到,在从活期存款中取款的影响方面,10% 制度和 100% 制度有多么大的不同。一种制度引发通货紧缩,另一种则不会。

这两种制度在支票账户存款上同样大相径庭。一种制度引发通货膨胀,另一种则不会。

当然,在 100% 制度下,将现金存入支票账户纯粹是为了方便和安全。可以说,它只是从钱包中取出钱,存入支票簿。数量不变。

但是,在 10% 制度下,此类现金存款可能会是炸药。其效果很大程度上取决于贷款市场。如果由于某种原因,银行无法或不愿贷款,它可能会积累现金,这样一来,在一段时间内,唯一的效果就是增加准备金率,而不是增加流通量。

但是,在银行拥有超过 10% 的大量超额准备金后,它很可能会屈服于从这些闲置资金中获利的诱惑。一旦这种情况发生,贷款(或投资)就会扩大,活期存款也会随之扩大。这意味着通货膨胀;

随着流通媒介体量的膨胀，流通速度也会膨胀。数量和速度双重膨胀的严重后果将在第七章中谈到。

整个情况正好与前面刚刚描述的提取现金的情形相反。不再值得给出相应的说明性数据和图表。

那么，可以预测 10% 制度会先向一个方向摆动，然后向另一个方向摆动，形成一种形式的"商业周期"，其核心特征是吸收和释放超额准备金。我的一个朋友用富有表现力的俚语将之描述为："10% 制度使泡沫泡沫，使萧条萧条。"避免这种往复运动的方法，显然是对吸收和释放准备金不能有丝毫松懈——简而言之，就是把准备金从 10% 提高到 100%，并使之保持在这个水平上。

第五章　100%制度如何进行贷款

我们已经看到了在100%制度下如何进行存款操作,并将这些与今天在10%制度下进行的存款操作进行了对比。但是,在100%制度下如何进行贷款还甚少提及。

产生债务和偿还债务的具体操作与现在基本相同。借款人要得到贷款,就得把本票交给银行的贷款部门,并从他要存款的支票部门得到一张支票。之后当他偿还贷款时,他将把支票交给贷款部门,然后取回本票并注销。然后,贷款部门将把这张支票存入银行,该支票使银行中借款人货币的所有权转移给贷款部门。

还有一个重要的问题。第一天的贷款资金从何而来,即银行的贷款部门从哪里获得贷款资金?诚然,正如已经指出的,仍然会有(1)贷款银行的资本、(2)一些存款人的储蓄、(3)一些借款人的还款,但是这些有足够的弹性吗?简而言之,如果银行不再被允许制造货币用于放贷,那么用于放贷的货币供应难道不会必然萎缩,或者无论如何都不能根据商业要求扩张吗?

答案是:不会萎缩。如前所述,国家的贷款总额除了可以不受反复无常的增减影响外,还有如下两点值得关注:(1)不必然萎缩;(2)能够进行任何合法的扩张,而与支票货币的扩张无关。让我们看看到底是怎样进行的。

100%制度不会使银行贷款减少

关于上述两点中的第一点：为了保持现有的贷款体量不变，不需要任何人制造货币。每天新贷出的资金（就像在10%制度下一帆风顺时那样）将等于旧贷款偿还的资金。

大家要记住，新制度一开始的贷款额与前一天旧制度结束时的一样多。

为了通过数据说明来加深我们的观点，让我们假设，在100%制度开始后的第一天，全国流通的货币总量是190亿美元（其中150亿是活期存款），进一步假设，银行贷款是200亿美元。让我们看看这些贷款如何能维持200亿美元不变。

从旧贷款到新贷款的资金流动通常是非常直接的——在同一家银行内部。但是在这里，为了展示100%制度下的全部机制，我们将从可能的最间接的情况开始。

这里假定，在200亿美元本票中，有20亿美元由货币委员会购买（再贴现），现在由其持有。我们首先要在这里指出，如何维持这20亿美元数额不变。

某位史密斯先生向位于康涅狄格州纽黑文市的他的银行借贷部门申请了1万美元的贷款。纽黑文的这家银行决定贷款给史密斯先生，但我们假设，它已经借出了全部自有资本，除波士顿联邦储备银行外，不知道其他直接资金来源，它请求波士顿联邦储备银行再贴现史密斯先生的票据。接下来，波士顿联邦储备银行发现它必须向华盛顿的货币委员会提出申请才能再贴现史密斯先生的票据。

让我们假设，货币委员会手头正好有资金，并将其交给波士顿联邦储备银行，后者接着将其交给纽黑文银行，该银行又将其存入支票部门。银行通过支票将其转给借款人史密斯先生。

但货币委员会从哪里获得这些资金呢？我们这里假设，它不是通过制造新货币，而是从货币委员会在新制度开始时接管的偿还贷款中获得的。

比如说，在偿还给委员会的贷款中，有一笔是来自加利福尼亚州奥克兰市的某位琼斯先生的1万美元。也就是说，当琼斯的票据到期时，他偿还了奥克兰的银行，后者偿还了旧金山的联邦储备银行（以前已为奥克兰的银行再贴现了这张票据），而旧金山的这家联邦储备银行偿还了华盛顿的货币委员会（它已为旧金山联邦储备银行再贴现了这张票据，即在开始新制度时购买了它）。

因此，实际上，奥克兰的琼斯通过偿还贷款，以此处假定的迂回方式提供了借给纽黑文的史密斯的资金，这些资金从琼斯开始，通过两家银行流向货币委员会，然后向下通过另外两家银行，到达纽黑文的史密斯。

显然，通过货币委员会偿还的旧贷款可以为足够的新贷款提供资金，以无限期维持该委员会总计20亿美元的贷款。

剩下的不在货币委员会而在联邦储备银行和成员银行的180亿美元贷款，可以以相同的方式永远延续，即用偿还任何银行旧贷款的回流资金，向新借款人贷款。

因此，从旧贷款中获得足够的货币来发放新贷款是没有问题的——也就是说，足够维持已有的贷款量（200亿美元）。

当然，没有必要为了保持不变的现有贷款量，而将特定琼斯的旧贷款与特定史密斯的新贷款进行匹配，只要已经偿还的所有旧贷款的总和与所有新增贷款的总金额匹配即可。

即使在我们当前(10%)制度下，绝大多数新贷款要么仅仅是对同一借款人的旧贷款的续期，要么就是和这里一样，通过将偿还的旧贷款转移给新借款人来延续。

但是，在当前(10%)制度下，新旧贷款得到适当匹配完全凭运气，而我们又任由银行破坏这种匹配。它们甚至可以几乎完全停止放贷——不是因为企业不需要这些钱，而是因为银行自身需要这些钱来充实它们不足的准备金，如上一章所示。

正如已经看到的那样，在100%制度下，银行与公众之间不会有这种干扰，也不会有这样的现金争夺。出于这些原因，与10%制度相比，100%制度将更好地提供所需的贷款资金（并且为银行带来更多的利润）。正是在10%而非100%制度下，可贷资金往往会塌陷。

短　路

我们已经看到了货币委员会将旧贷款偿还的货币贷给新借款人是如何运作的。但实际上，货币委员会很少需要以这种方式运作。如前所述，我们主要是为了说明目的而把委员会置于显要地位。但在实践中，它没有这样突出；即使它像图景中那样开始，它也会很快从图景中完全消失。即将开始一种趋势，来防止新的贷款（本票）从银行上溯，通过贴现转移到货币委员会。为了缩短琼斯的钱流向史密斯的路线，会出现这种趋势。为了减少借贷资金流经五家中介银行的成本,他们的银行将寻求缩短资金流动路线的方法,就像目前将其短路一样。

首先,有取消货币委员会作为中介机构的趋势;因为旧金山和波士顿的联邦储备银行很容易聚在一起,通过电话或其他方式发现其中一个拥有大量可贷资金,而另一个则有大量需求。通过直接交易,它们将让货币委员会作为大多数交易中间人的地位作废。

而且会进一步短路。成员银行同样也将聚在一起(就像现在它们所做的那样),尤其是在同一联邦储备区中,以便尽可能消除使用联邦储备银行作为中间人的费用。

例如,货币委员会不是像我们之前设想的那样,使用流入资金对纽黑文的史密斯的票据进行再贴现,而是用这些资金购买波士顿联邦储备银行持有的债券。这将使波士顿联邦储备银行拥有上述资金,这样它自己就可以贴现史密斯的票据。在这种情况下,史密斯的票据只会从纽黑文到波士顿,然后停在那里,而不是像之前设想的那样去华盛顿。

如果波士顿联邦储备银行以同样的方式购买纽黑文的银行的债券,这样这家银行自身就有足够的资金来贷款给史密斯,而不必再对他的票据进行再贴现,那么即使是这一次的再贴现也可以被省略。随着银行找到更直接交易的方式,这种短路将继续发生。货币委员会将逐步通过这些公开市场交易,购买美国政府债券和其他证券,而不是本票,并尽可能将更为严格的银行业务(再贴现)留给银行。

通过这些和其他的方式,借款人在很大程度上将像现在一样,通过最少的中介费与贷款人取得联系。最后,大量的借贷可能会在单个银行的客户群中进行,唯一的中介是该银行。那些有钱放贷的人会把钱"存入"储蓄账户或定期存款账户(我们知道,这实际上意味着将其贷给银行而没有得到任何支票特权),然后银行再把钱贷给借款人。

最后,货币委员会将没有太多机会对本票进行再贴现。如果允许再贴现的话,它将主要在银行自身无法轻易以足够数量或足够快的速度融通资金的情况下充当安全阀。

货币委员会的职责是确保满足借款人和贷款人的所有合法要求,即使为了满足这些要求,它必须出售资产或购买资产(债券等)。

因此,我们看到,最初从银行向货币委员会转移的大量贷款都是暂时的,最终几乎都消失了。实际上,即使在开始时,我们也无须假设任何转移。除了不再有突然的扩张和收缩之外,贷款业务将几乎和现在一样进行。

实际上,甚至没有必要让委员会进行任何再贴现业务。进一步,甚至可以取消联邦储备银行的再贴现。我们可以回到旧制度,通过该制度,每家银行可以自行找出从哪家银行(如果有的话)能够获得最佳的再贴现。就我个人而言,我宁愿不赋予货币委员会任何再贴现权力。只需买卖政府债券,我们就可以达到基本相同的目的。

在100%制度下银行贷款扩张与活期存款扩张无关

第一点就讲到这里,也就是在100%制度下,贷款额不一定减少。现在，我们准备讨论第二点，它可以扩张。就目前为止我们针对贷款所进行的讨论而言，仿佛它是一个货币问题。但贷款通常来自储蓄，贷款的增长应取决于储蓄的增长，而不应像现在这样受到货币体系过度扩张或收缩的刺激或阻碍。

当然，贷款的数量可能会超过货币的数量，就像买卖一样。同一笔钱可以完成一笔又一笔的贷款，就像它可以完成一笔又一笔的买卖一样。它甚至可以回到同一家储蓄银行，然后再借出去。为此目的，只要贷款是用真实货币发放的，而不是贷款人自己为此目的制造的，就没有违反100%制度的原则。

在10%和100%两种制度下，新增贷款的主要来源都不是新创造的货币，而是储蓄；而且，在100%制度下，由于不受泡沫和萧条的干扰，储蓄将会更多。

有两种存款，第一种是没有支票特权的储蓄（定期）存款，第二种是有支票特权的活期存款。储蓄存款被存入储蓄账户以获得利息。这样存入银行的钱贷给了银行，以获得利息，而银行为了赚取利息，可能会通过购买抵押贷款的方式来重新转贷这些钱。这些钱并不存在银行里（或者说并不多），而是继续流通。储蓄存款人是投资者，他的存款是他从银行购买的投资。接着，银行将这笔资金以抵押贷款的形式发放给琼斯，而琼斯又用这笔资金建造抵押的房屋——如此循环往复。

在这里，银行的储蓄"存款"与银行的"贷款和投资"是十分恰当地相对应的。这些贷款来自储蓄，可以随着储蓄的增长而增长，而不影响流通媒介。

这个过程在100%制度下进行与现在完全一样，只是它不会受到第二种存款——活期存款或支票存款的干扰。这些活期存款的本质会从根本上彻底改变。在目前的10%制度下，银行可以给储户支票特权，以便他仍然可以像没有存入银行一样使用他的钱，而银行也可以很好地使用它——将其不安全地投资于短期票据。也就是说，在目前的制度下，不论活期存款还是定期存款增加，贷款都会随之增加；不利结果就是，随着贷款的增加，活期存款即支票货币也会增加。

在100%制度下，定期存款将吸收储蓄并相应地扩大贷款，与当前完全一样。但是活期存款的运作方式有所不同。也就是说，任何存入支票账户的货币都将留在这里，而不会被借出。流通媒介不会被这种存款扩大，而只会被重新分配。贷款会随着储蓄的增加而增加，但流通媒介不会随之增加。新的贷款资金将来自储蓄，而不再是无中生有——也就是说，将不再双重使用活期存款。

简而言之，在100%制度下，银行将像其他人一样，用自己的储蓄或别人的储蓄发放贷款，就如最早的贷款银行在被某人的"聪明主意"——用别人的钱放贷，还让他们认为他们仍拥有那笔钱可以支配——误导之前所做的那样。

因此，在100%制度下，贷款部门的主要职能将是储蓄者与进取的借款人之间的经纪人。利率将反映这些储蓄的供求关系。这可能意味着在各个时期，生产和生产性企业的增长也许比现在或慢或快，但是从长远来看，净增长将比现在快且稳定，因为它不会被如此频繁或者如此严重的萧条所打断。

假设经过一段时间后，按照刚才解释的方式，比如由于新铁路建设一段时间后，定期或储蓄存款增加了100亿美元，而活期存款和国民银行券的总数仍保持在 160 亿美元。

就成员银行而言,结果将如表 7 所示。

由于增加了贷款,两个项目发生了变化(增加 100 亿美元)。(当然,实际上,所有项目都会因其他原因而不断变化。)

就这 100 亿美元新增贷款而言,其结果是成员银行的贷款和定期存款(在这些银行中)都增加了 100 亿美元,但流通媒介没有受到影响,仍有 160 亿美元(就成员银行而言)。

表 7 增加贷款前后成员银行的假设性合并资产负债表(单位:10 亿美元)

资产

	之前	新增贷款带来的变化	新
现金(金库内或联邦储备银行中的准备金)	16		16
美国证券	0		0
贷款	18	+10=	28
其他	10		10
	44		54

负债

	之前	新增贷款带来的变化	新
活期存款和国民银行券	16		16
定期存款	21	+10=	31
其他	7		7
	44		54

相反地,可以通过清偿和停止储蓄来减少贷款,而丝毫不影响活期存款或流通媒介的数量。

结　论

　　在不涉及增加流通媒介的情况下，到目前为止，主要的结论是：(1)在100%制度下，仅通过用新贷款代替旧贷款，就可以保持银行贷款不减少；(2)最终，新旧制度下存款之间的唯一显著区别是，银行贷款（和投资）将倾向于与定期存款相对应，而不是像现在这样与活期存款相对应。从簿记员的角度来看，这似乎是一个非常细微的差别。但这种差别是根本性的，因为定期存款不受支票的支配，也不会实际用于流通货物，成为我们交换媒介的一部分。

　　本书主要是通过揭示种种问题，反对银行制造支票货币；本章主要是提供解决问题的答案——如果银行不制造它，它就不会存在。事实上，除了在泡沫或萧条时期外，银行制造和销毁货币的数量几乎是相等的，尽管它们每年制造（和销毁）的货币可能是任何时候存在的货币总量的两到三倍。总的来说，它们制造和销毁的净效应通常很小。

　　此外，通货膨胀时期信用的异常制造被通货紧缩时期信用的异常销毁大大抵消，长期来看，净增幅并不大。

　　的确，支票货币的总存量远大于几年前，原因在于信用的制造一直在缓慢净增长，长期积累导致增加。我也不会否认进一步增加信用以匹配商业增长的重要性，即通过适当授权的货币委员会在适当参考美元价值的基础上来实现。这里的关键是，即使没有价格水平控制，100%制度也将是对当前10%制度的一种改进，后者对价格水平的影响是不稳定的。如果可以一次性确定货币总量，就无需任何货币委员会。

  但是,我们需要的不仅仅是消除故障。我们想要稳定价格水平的额外优势,而固定货币总量不足以保证这一水平。事实上,随着商业业务量的增加,固定数量的货币(如果其流通速度不变)将导致价格水平缓慢下降。因此,我认为应该有一个货币委员会,被授权管理货币,包括支票货币。

  下一章将讨论这个货币的管理问题。

第六章 在100%制度下货币管理如何进行

稳定的标准

到目前为止,在大多数例子和讨论中,为了简单起见,我们假定货币委员会将保持货币数量不变。当然,永远这样做是很有可能的,这样就不需要货币委员会了;在这种情况下,价格水平可能会持续下降。

如上所述,理论上100%制度完全独立于任何特定的货币政策。它不需要与稳定政策相结合,如同无须与通货紧缩或通货膨胀政策相结合。事实上,一些100%计划的支持者并不像笔者那样赞成稳定货币;而且,有些赞成稳定货币的人并不支持100%计划。

假设将100%计划与货币稳定化政策相结合,将需要什么稳定标准呢?这里提出的标准是瑞典采用的生活成本固定指数。[1]选择

---

[1] 但是,货币委员会应该被授权研究所有其他标准,以便未来提出改进。其他要研究的标准包括:批发指数;(卡尔·斯奈德的)"一般指数";固定数量的货币;固定的"货币流通总量",或货币乘以流通速度(MV);货币流通总量除以交易量(MV÷T);人均货币;人均货币流通总量;货币或货币流通总量的年度固定百分比增长;批发价格水平每年固定的下降幅度;固定的平均工资水平;定义为国民收入或人均收入的固定比例的一美元。从理论上讲,最后一个指数甚至比生活费用标准更吸引我。但是由于缺乏足够准确的统计数据,实际上无法得到这样的收入标准。这样的美元的一个优点是,当人均收入增加或减少时,工薪阶层和收入相对固定的人将自动分享实际财富和实际

这一标准的一个原因是，生活成本的上升或下降对每个人来说实际上是一样的；而批发指数的上升或下降对不同的个体有不同的含义——依他们各自生产的批发商品而定。每个人都消费很多东西，但在现代条件下，他只生产很少的东西。

像瑞典这样的生活成本标准将比以前尝试过的任何标准（例如黄金或白银）好得多，我们可以耐心地等待进一步的改进。但是，在未来几十年或几代人的时间里，随着统计技术的改进和一般经济研究的发展，可能会出现改进，正如我们几个世纪以来改进了长度的衡量方法一样。长度标准经历了许多阶段，例如：(1) 酋长的腰围；(2) 亨利一世国王的臂长；(3) 伦敦塔中一根铁棒的长度；(4) 地球极点和赤道之间四分之一圆的一定比例；(5) 在称为"因瓦"合金的特殊金属棒中，两个金塞上两个划痕中心之间的距离，该棒被保存在保管箱中的玻璃盒中，温度尽可能接近恒定。现在有一种说法是，使用光谱中某个光的波长。

借助官方标准，货币委员会将控制货币流量。这将与10%制度的结果形成鲜明对比。如我们所知，10%制度迫使银行家根本不按照任何标准来制造货币和不制造货币，而是根据某种暴民统治，在准备金要求、不断变化的黄金形势和其他因素的反复无常的引导

收入的增长，而不必为增加货币收入而奋斗。但是，生活水平指数在某种程度上也体现了这一优点。另一个有趣的事实是，生活成本指数通常与斯奈德的"一般"指数相当吻合。实际上，几乎所有被不同的权威所支持的标准一般都是一致的。最理想的标准似乎应该是满足债务缔约双方的合理预期的标准；而且，从根本上讲，如果双方当事人的合理预期得到满足，公正贷款合同就最好地实现了。此外，在债务方面能产生最令人满意的结果的标准，可能在利润和就业方面也能产生几乎最令人满意的结果，如同在价格结构方面，即在快速变动和缓慢变动的价格之间，也能产生几乎最令人满意的调整。

下进行的；而在萧条时期，则由盲目、单独产生的自我保护本能控制，不管对美元的价值、公众的福利甚至银行家自身的集体福利会产生什么影响。

通货再膨胀

从长远来看，如上所述，货币委员会的行动会导致美元的稳定。但是，如果该制度的采用恰好是在发生严重通缩之后不久，如在1933年，那么首要目标可能是将价格水平提高或将美元价值（无论如何定义）降低到法律规定的水平。

理想情况下，该规定水平应为：一般说来，未偿债务减少的水平；或者将工商业恢复至正常产能或接近正常产能，以及吸收大部分失业者的水平（或可能等同于相似情况的水平）；或将价格结构失调降至最低的水平。可以使用这些标准中的任何一个，并且三个标准可以很好地吻合。

这种价格水平的提高被称为通货再膨胀（reflation）。也就是说，通货再膨胀可以被定义为由于近期快速剧烈的通货紧缩而变得合理的那种通货膨胀程度。①

---

① 从逻辑上讲，"reflation"这个术语应该适用于任何一个方向（即实际上可以膨胀，也可以紧缩，应称为通货再调整。——译者注）。因此，1920年，物价水平需要向下进行一定程度的通货再调整（reflated）。

三重程序

假定通货再膨胀和稳定的责任是由法律规定的,货币委员会可以分三个阶段推进:

第一,正如已经指出的,它将用委员会货币购买足够多的银行证券来建立 100% 制度,这些第一次发行的委员会货币固定作为准备金。

第二,委员会将从银行购买更多的证券,很可能还会从其他渠道购买——足以使通货再膨胀达到规定的水平。第二次发行的委员会货币将不会固定用作准备金。

第三,如瑞典自 1931 年 9 月以来成功所做的那样,委员会将把美元的价值稳定在规定的水平上。这第三个步骤——稳定——不仅包括买进证券,还包括出售证券,两者不断交替进行;但是从长远来看,购买将占主导地位,因为国家的发展和商业增长将持续需要更多的资金,以维持既定的价格水平。

标准统计公司总裁路德·布雷克(Luther Blake)先生提出了一个有趣的建议:从实际角度出发,颠倒第一阶段和第二阶段的顺序,或者将它们混合更可取,即让货币委员会先用实际货币购买债券(从公共银行或任何其他债券持有人那里购买)。这些货币将自动向银行转移。然后,在银行资金充裕的时候,逐步提高准备金率要求。

三重程序可以概述为:(1)建立目的的购买;(2)通货再膨胀目的的购买;(3)稳定化目的的购买和出售。最后两个阶段,通货再膨胀和稳定化显然只是程度不同。通货再膨胀,即价格水平的大幅初始修正，只是构成货币管理的一系列连续修正中的第一个也是最大的一个。

这种管理类似于驾驶汽车。如果在一开始，货币之车完全脱离了道路，掉入通货紧缩的沟渠中，第一个营救行动是通货再膨胀，让它回到道路上，这个行动的动作必须相对较大。稳定化包括随后驾驶汽车所要求的连续微小校正，使汽车行进一直保持正确的方向。

流通速度控制

我们已经看到，在 100% 制度下，贷款可以自由地上下浮动，而不需要存款采取任何类似的行动。因此，过度负债和其他影响即使起作用，也不会再扩大和缩小流通量。

但是，尽管流通媒介的体量将因此不受干扰，但其流通速度仍可能受到各种不利的干扰。例如，在经历了一段时期的过度负债和投机之后，可能仍会出现一阵恐慌性抛售，从而增加贮藏；也就是说，货币流通速度可能会变慢。

然而，这对价格水平的影响，比流通量也受到影响的情况要小得多；甚至速度对价格水平的影响，也可能被适当增加的流通量抵消。

最后，关于速度的最新和最好的研究表明：在正常情况下，速度变化不大；即使在泡沫和萧条时期，除了投机性交易，其变化也比通常认为的要小。

不过，如果赋予货币委员会影响贮藏行为以及流通速度的普遍权力，可能会提高货币委员会的效率，即使它永远不必使用该权力。[1]

10% 制度相对难以管理

的确，在目前的 10% 制度下，也可以像在拟议的 100% 制度下那样进行通货再膨胀和货币稳定。

关于这一点（货币稳定）的一个有说服力的证明是瑞典的经验。自 1931 年以来，瑞典通过调整再贴现率和公开市场操作，成功地将其生活成本的官方指数稳定保持[2]在 1.75% 以内，通常在 1% 以内。然而，应该指出的是，与美国相比，瑞典有一个统一的银行体系的优势。即使其他国家可以在 10% 制度下在稳定方面接近瑞典取得的成功，即使瑞典可以无限期地继续其成功，100% 制度也具有其他好处，尤其是对政府财政的好处；即使对于银行家群体来说似乎也没有不利之处。

就上述情况发生在 10% 制度下而言，只有在它是"受管理"的情况下它才能做到。也就是说，仅通过货币管理就可以很大程度上纠正目前的可怕弊端，就像仅通过 100% 制度就可以在很大程度上对其进行纠正一样。许多与我通信的人对这两者中的这个或那个

---

[1] 参见 Stamp Scrip, New York, Adelphi Co., 1933。虽然到目前为止，可供研究的经验很少，但已有经验似乎清楚地表明，彼时的印花代币券在很大程度上起到了加速流通的作用。目前得不到印花税改革的经验。可以补充的是，与任何其他紧急货币一样，印花代币券的主要目的不是加快流通速度（V），而是增加贸易（T）。

[2] 参见 Stable Money, a History of the Movement, by Irving Fisher, Adelphi Co., 1934。

感到满意。我认为,尽管任何一个都能创造奇迹,但两者一起才是理想的选择。

总之,我们可以说:

1. 单独 10% 制度(即没有任何稳定计划)在将来可能是灾难性的,就像过去一样。

2. 单独 100% 制度(即没有任何稳定计划)可能会很好地运行。

3. 10% 制度和稳定计划结合起来可以很好地运作,就像瑞典所做的那样。

4. 100% 制度与稳定计划相结合将是最有效的,更不用说它对政府财政的好处了。

比较这四者,我们可以称它们为:(1)坏;(2)好;(3)更好;(4)最好。

第四种组合的优越性在于最初的纠正——通货再膨胀中尤为明显,这在目前的大萧条中(从反面)得到了很好的说明。为了通货再膨胀,已经尝试了美联储购买债券这种形式的公开市场操作;但这么做产生的唯一的较大影响是将大量不想要的美国债券"塞满"了联邦储备银行,并为成员银行提供要么它们不愿使用(因为它们害怕放贷),要么不可能使用(因为商人不想借钱)的"超额"准备金。

结果是,胡佛总统和罗斯福总统的债券购买计划,就增加公共流通媒介数量来说,在 100% 制度下会立即有效,但在 10% 制度下,在很长一段时间内几乎无效。这种情况持续了好几年,每个人都在等着别人欠银行的债,以便为公众提供所有人需要的流通媒介。最后,政府介入,自身也深陷对银行的负债之中。

只要我们的制度使我们的流通媒介成为私人债务的副产品,就必然经常造成我们的困境。没有人愿意负债的时候就是我们最需要钱的时候，所以大多数人希望有人好心负债来成全我们。尽管官方一再敦促和劝诱，尽管利率很低，也很少有人会这么做。

这是一个牵马到河边却不能让马喝水的例子。或者就像"推缰绳"让马走。或者，回到汽车的比喻，目前的10%准备金制度相比100%准备金制度，就像一个松动的转向齿轮。在10%制度下，方向盘的首次转向不会对汽车产生影响。所以你使劲转向，直到汽车突然转向太多；之后，当你试图纠正它时，它会向反方向偏离太多。一个松动的转向齿轮可能会使货币之车脱离通货紧缩的深渊，然后使它落入通货膨胀的深渊，然后又回到通货紧缩的深渊，如此循环往复，形成一个"商业周期"。

清楚地看到全景是如此重要，为此我们将再打一个新比方。10%制度下的准备金和存款的关系，就像构成望远镜的几个圆筒或护壳。正如一个物理望远镜可以由三个滑动的圆筒组成一样，货币望远镜也是这样——成员银行位于中央，在联邦储备银行和公众之间。准备金和存款的"伸缩"是通过发放和偿还贷款实现的。

当成员银行通过信用向公众发放贷款时，它们增加公众的存款。

当成员银行通过信用向公众收回贷款时，它们减少公众的存款。

当成员银行通过信用从美联储获得贷款时，它们增加自己的准备金。

当成员银行通过信用向美联储偿还贷款时，它们减少自己的准备金。

有了这样的图景，我们看到，联邦储备银行向各成员银行发放的信用贷款增加了它们的超额准备金（高于法定最低准备金的部分），因此，它们也可以向公众发放更多贷款。如果它们确实发放

第六章 在100%制度下货币管理如何进行

了贷款，并将其扩展到极限，并且美联储也将其信用扩展到极限，从而使望远镜扩展到极限，那么正如我们所说的，借款人便"过度扩张"了，而存款则膨胀到了最大值，这意味着出现了几乎令人难以置信的通货膨胀。如我所述，人们担心会出现这种信用膨胀。

另一方面，如果成员银行向美联储偿还贷款，并且公众偿还成员银行贷款，那么望远镜就会朝着相反的方向变化，导致几乎令人难以置信的通货紧缩。正如读者可以自己根据准备金率计算出来的那样，如果把望远镜延长到它的最大值，它的长度将是最小值的30倍左右。

将我们从通胀和通缩之间如此巨幅的来回伸缩中拯救出来的，只有银行家们的自由裁量权（个人行使），而有时，这种自由裁量权并不足以将我们从毁灭性的伸缩中拯救出来。诚然，银行家们不会等到望远镜触及极限时才行动；在那之前，他们就开始施加压力来阻止伸缩运动。但他们的努力是缓慢和不确定的。

在100%制度下，没有伸缩性，没有"游戏"，只有严格地抵抗伸缩运动，直到货币委员会按照法律标准更换固定螺丝为止。

简而言之，在10%准备金制度下，提高或降低贴现率的第一个效果是"空转"。唯一的变化体现在准备金，即银行系统的内部机制上，而不是体现在公共流通媒介和价格水平上。只有在准备金的增加或减少最终影响到银行的贷款或购买投资，从而影响到银行的存款时，才会影响到价格水平；而且，经历这些阶段需要时间，尤其是当银行因准备金不足而处于恐慌状态时。上述讨论的原则由第四章的表格做了说明。

100%制度易于管理

在100%制度下,不会有这样的"松弛"。这一事实将使数量控制变得容易。货币委员会每天都会收到流通货币以及所有进出资金的准确记录,不必再猜测大量难以控制的贷款制造的存款——数千家银行的"铸币"。

如果货币变得稀缺,如价格水平下降的趋势所示,则可以立即提供更多的货币。如果货币过剩,则可以同样迅速地撤出。调整将比现在需要的更小,并且稳定化将更加精确。

这些要点可以详细说明。如果委员会准备购买银行资产,那么该银行将不会像现在在10%制度下那样,出售债券只是为了使闲置的收益用于增加其准备金,并为其自身获得更多的流动性,而不通过贷款和投资将货币投向公众。因为银行本来已经是100%流动性的,所以其目的不可能在于获得更多现金了。如果它真的要出售任何债券,那只能是为了将收益用于放贷或投资来获利。如果它不能(正如银行在1933年和1934年普遍抱怨的那样)为其资金找到可靠的渠道,它将根本不会出售,而委员会的资金将不得不流入其他渠道,即立即流向广大公众。它将流向最需要它的地方。

即使我们承认,在某些情况下,这些资金可能被用于贮藏目的,委员会也不会无动于衷。因为,与银行不同的是,委员会将根据国会授权的法律责任,继续购买,直到产生恢复价格水平和美元购买力的效果为止。

为了实现这一目标,发行多少货币都不受影响。商人们是否想要借款对此没有影响,而对银行就有影响。不管它购买的证券的收益率是高还是低对此没有影响,而对银行就有影响。简而言之,没有什么能阻止委员会把货币投入实际流通。而在相反的情况下,也没有什么能阻止委员会在需要撤出货币时采取这种行动。

因此,这里要强调的两个制度之间的主要区别是,在萧条时100%制度不会浪费任何时间来填满准备金。10%准备金制度就像一个只有10%的水的浴缸。100%准备金制度就像一个总是装满水的浴缸,所以任何多余的水一定会溢出。因此,在100%制度下,摆脱严重的大萧条要比在10%制度下容易得多,但100%制度的最重要优势(将在第七章中详细介绍)是首先不可能出现这么严重的萧条!

在防止经济泡沫和萧条的过程中,委员会会关注官方指数。不仅可以通过观察官方指数(生活成本指数本身),还可以通过观察其他迹象来发现扰动价格水平的威胁,如批发商品、基本商品、敏感商品、农产品、非农产品、生产品、消费品、原材料、制成品的价格指数,股票、债券指数,生产、消费、贸易(包括外贸)指数,库存指数,成本和技术改进以及随之产生的利润、损失、破产情况指数,债务指数,就业、失业指数,利率指数。这些指数和其他指数的信息可能会提供有价值的警告,说明什么时候以及在什么方向进行调整可以获得最佳结果。

在100%制度下,国家的发展和商业的增长,不再受到经济泡沫和萧条的巨大冲击,平均增长速度很可能会比现在快得多。而银行将分享这种额外的繁荣。它们的总业务量最终会远远超过现在的业务量。

国家的发展将主要体现在储蓄和投资的增长上，而这两者（储蓄和投资）将比现在更接近同义词，因为它们之间的对应关系不会像现在这样受到如此多的干扰——也就是说，在泡沫时期会受到没有储蓄保障的贷款的干扰，而在萧条时期则会受到代替投资性储蓄的贮藏性储蓄的干扰。

买卖什么

货币委员会将买卖什么？如前所述，如果有买卖的话，它只会偶尔购买再贴现票据、本票，而且只有在联邦储备银行要求时才会这样做。它应尽快放弃这种本票，必要时代之以政府债券或其他合格债券。实际上，正如已经指出的那样，最好完全不让货币委员会处理私人本票。至于证券，法律应该限制委员会只交易允许联邦储备银行买卖的证券。

当然，从理论上讲，委员会可以买卖任何可以买卖的东西，从而可以得到同样的稳定结果。但根据所处理的资产不同，对个别价格的相对影响是不同的，特别是直接影响。对利率的影响也是如此。允许不加区别地处理所有事物，实践中也会有一些明显的异议。

通常，理想的资产可能是短期的联邦政府证券以及外汇和贵金属。

100%制度与一场大战

有一个障碍是任何实现稳定的货币制度都无法克服的，那就是一场大战。在一场足够大的战争所加剧的财政紧张状况下，政府无疑会诉诸通胀。因为，如果要在维持货币稳定和"维持国家生存"之间做出选择，前者必输无疑。

这里描述的稳定化制度也不例外。这样一个系统的崩溃过程在某种程度上可能是这样的：

首先，我们可以假设，为了获得用于发动战争的资金，财政部将对人民征税至最高限额，并将其债券出售至最高限额。这两个程序都将把公众手中已经存在的钱收集到国库，然后从国库中支付弹药、士兵工资、食品和其他战争支出。到此时为止，货币委员会可能不需要改变货币数量。应该记住的是，即使将债券出售给银行，也不会像现在我们的10%制度所做的那样产生新的货币。也就是说，银行支付给政府的钱不是它们创造的信用货币，因为它们没有能力创造它。它必须是已经存在的货币。

然而，如果战争规模足够大，那么这个时刻就会到来，那时政府将无法再征收任何重税，也无法发行任何额外债券，除非以较低的价格，即以高利率发行；到了后来它根本无法支撑。然后，国会将不得不通过一项法律，允许财政部发行货币（或要求货币委员会用新货币购买更多债券），而不顾价格水平，于是价格在此后就会一直上涨。这就是通货膨胀。稳定将立即停止。

但无论如何，这种崩溃不会是无意的。这将是国会明确行动的结果，是深思熟虑地在几种邪恶中做出的选择。

此后，战争将一如既往地靠通货膨胀打下去，也就是说以牺牲收入相对"固定"的那些人为代价。这些阶层的工资、薪水、利息和租金收入增长滞后，生活成本十分高昂，就像在第一次世界大战中一样，相当于征收 50% 或更高的所得税。这将是一种间接税，只能被模糊地视为是一种税，甚至是一种政府行为。可能只有通过这种偷偷摸摸的方式，各国政府才能获得一场现代大战所需的资金，因为战争的代价是巨大的。

但是，如果实行这里提出的制度，公众至少会更接近于明白正在发生的事情。从长远来看，这种清晰的视野将使人们更好地意识到战争在经济上的意义，从而对世界有所帮助。除了最初的财富损失外，战争还意味着通货膨胀和后来的通货紧缩，这两种情况如果不是毁灭性的，也是浪费的。

伊利诺伊大学的弗兰克·G. 狄金森（Frank G. Dickinson）教授（据报纸报道）估计，1920 年以来，按照生产力的下降计算，仅就美国而言，世界大战的后续总成本就超过了 2,000 亿美元。

总　　结

1. 100% 制度可以不受管理，也可以根据特定规则进行管理。

2. 即使不加以管理，美元也将比现在还稳定。

3. 如果管理得当，100% 制度比采取其他任何手段都会让美元更为稳定。

4. 假设进行管理，货币委员会将执行三项连续的任务：建立制度，通货再膨胀，稳定。

5. 货币委员会很可能被赋予普遍地控制贮藏货币行为和货币流通速度的权力，尽管它可能永远不必行使该权力。

6. 正如最近的努力所显示的那样，10% 制度是如此不稳定，以至于在这种制度下,很难管理价格水平,尤其是通货再膨胀。

7. 在 100% 制度下,管理将更加容易和准确。

8. 货币委员会应尽量少参与或根本不参与私人贷款,而应尽可能多地买卖短期政府证券。

9. 一场足够大的战争将破坏任何货币稳定化制度。

第三部分

100%制度的意义

第七章　泡沫与萧条

引　言

我们现在已经看到了100%制度是如何运作的。但问题仍然存在：这样做有什么好处？

到目前为止，本书认为，无论如何，这个100%制度的最重要之处在于它能够缓和当前的萧条，并在未来不仅减轻萧条，而且减轻导致萧条的泡沫。正如已经证明的那样，即使没有一个常设的货币委员会，100%制度也会有帮助；但在下文中，假定存在货币委员会。

我之前陈述过我对这些经济干扰的主要结论，[①] 但是在陈述这些结论时并没有关注100%制度。

毫无疑问，在某种程度上，不借助100%制度，也可以治愈和预防泡沫和萧条，但如果我的分析是正确的，不会像在100%制度下那么确定、迅速和容易；如第四章所示，大泡沫和大萧条的潜在原因（或先决条件）是10%制度本身。

[①] 参见 *Booms and Depressions,* New York (Adelphi Co.), 1932。该书和其他著作的简短摘要 "The Debt Deflation Theory of Great Depressions"，已发表于 *Econometrica,* Vol. I, No. 4, October 1933。本章主要是对该摘要的总结。

下面的分析将显示我所认为的 10% 制度在这方面所起的重要作用。当然，还有许多其他因素发挥着或轻或重的作用，并常常作为各种圆满的解释而提出。

作为对所谓商业周期或周期的解释，当它们确实严重时，我不认为下述这些理论能够胜任：生产过剩、消费不足、产能过剩、价格错位、工农业价格失调、过度自信、过度投资、过度储蓄和过度支出。

我冒昧提出下述意见，但可能会根据未来出现的证据予以更正：在过去这样真实的大泡沫和大萧条中，上述每个因素相比两个主要因素都起着从属作用，这两个主要因素即(1)首先是过度负债（尤其是以银行贷款的形式），以及(2)紧随其后的通货紧缩（或美元升值）；还有一点，当其他任何因素确实引人注目时，它们通常仅仅是这两种因素的效果或症状。

尽管我可能会改变我的观点，但我目前坚信，在大泡沫和大萧条时期，这两种经济弊病（可以称为"债务病"和"美元病"）是更重要的原因，比其他所有因素全部放在一起都更重要。

债务和通货紧缩的作用

这两个因素的干扰——债务和货币单位购买力的上升，将对所有或几乎所有其他经济变量造成严重的干扰。而如果没有债务和通货紧缩，我认为其他干扰无法引发严重程度堪比 1837 年、1873 年或 1929—1935 年的危机。

无法详尽列出影响债务和通货紧缩这两个主要变量或受它们

第七章 泡沫与萧条

影响的次要变量；总共至少有九个变量，分别是：债务、流通媒介的体量、流通速度、价格水平、净资产、利润、贸易、商业信心、利率，但尤其是其中七个。

我们知道，这些变量中的第二个变量流通媒介，在 10% 制度下特别容易变化。

这九个主要变量之间的相互关系可以推导出来，为简单起见，首先假设一般经济均衡仅受到过度负债这一个因素的干扰，并假定没有其他因素有可能影响价格水平，无论是偶然的还是故意的。

相应地，假设在某个时间点上存在过度负债的状况，这往往会由于或者债务人或者债权人或者两者共同的惊恐而导致清偿。然后，我们可以推导出以下九个环节的因果链：

(1) 债务清偿导致廉价抛售，并导致

(2) 支票货币减少，因为还清了银行贷款，同时减慢了流通速度。廉价抛售加剧了活期存款及其流通速度的收缩，导致

(3) 价格水平下降，换句话说就是美元价值膨胀。假设如上所述，价格下跌不会受到通货再膨胀或其他因素的干扰，那么肯定会有

(4) 企业的净值进一步大幅下降，加剧破产和

(5) 利润的大幅下降，常常转变为亏损，这在"资本主义"（即私人利润）社会中，导致了对不断亏损的担忧，从而

(6) 产出、贸易和劳动就业减少。这些损失、破产和失业导致

(7) 悲观情绪和信心丧失，进而导致

(8) 贮藏以及流通速度进一步变慢。以上八个变化导致

(9) 对利率的复杂干扰，尤其是名义利率下降，即以货币形式

表示的利率下降，而实际利率上升，即以货币购买的商品形式表示的利率上升。

归纳研究已在很大程度上证实了这种演绎推理。显然，债务和通货紧缩用一种非常简单、合乎逻辑的方式深入解释了大量现象。

应当指出，几乎所列的所有事件都是通过支票货币收缩而发生的。

但是，上述由九个环节组成的因果链，只包含了九个因素之间相互关系的一小部分。还有其他的相互关系，可以用理性和经验来加以证明，当然还有其他一些关系，至少目前，根本无法明确表示出来。肯定还有很多涉及变量的间接关系，未包括在九个环节中。

这种相互关系中最重要的一种，与价格水平的任何变化无关，是流通媒介减少及其流通速度降低对贸易的直接减少效应。也就是说，货币短缺，比如最近80亿美元的支票货币短缺，就立刻减少了贸易，而没有等待价格水平的下降达到这一效果。这方面的一个证据是如下事实：在没有提高价格水平的情况下，借助紧急资金，地方贸易已经复苏。

当然，在实际的时序中，事件的顺序与上述顺序有所不同，而且有无数的反作用和重复发生。

"(2)支票货币减少"虽然是"(3)"到"(8)"一系列事件的起因，但其本身是"(1)"的结果。毫无疑问，它还受到许多它所影响的因素的影响。关于因果顺序的任何详尽陈述都是不可能的。

债务与通货紧缩相互加剧

可以想象,过度负债可能会单独存在,即并不伴随着价格下跌。这是假定物价下跌的趋势已被某种方式抵消了,其发生可能是由于诸如流通媒介数量增加这样的抗通缩力量(无论是偶然的还是设计的)。这样所产生的"周期"将比同时存在债务病和美元病的情况温和得多。

同样,当通货紧缩是由债务以外的其他原因引起的,也就是说,当美元病单独存在而没有任何债务病时,由此造成的危害就会小得多。正是两者的结合——债务病先到来,接着它又加剧了美元病——造成了最大的破坏。

这是因为两种病起了作用并且相互反应。打个譬喻,医生们现在发现,两种疾病联手有时甚至比单独两种疾病的后果叠加还要严重。我们都知道,轻微疾病可能导致重大疾病。正如重感冒会导致肺炎一样,过度负债也会导致通缩。

通货紧缩效应主要是由于银行在 10% 制度下准备金不足。在第三章和第四章中,我们看到了银行贷款的清偿和现金提取是如何摧毁支票货币的。这种货币紧缩接着又会使价格水平下降,使商业活动萎缩。

反之亦然,由债务引起的价格水平的下降会对每一笔债务产生影响。每一美元的未偿债务都会变得更大。更低的价格水平意味着更大的一美元。清偿甚至可能击败自身。尽管它减少了所欠美元的数量,但其速度可能赶不上未还美元价值的增值速度。然后,个人减轻债务负担的努力增加了债务负担,因为群体效应(蜂拥清偿)放大了未还的每一美元。这样,我们就有了一个巨大的悖论,在我看来,这似乎是大萧条(即使不是全部)的主要秘密:债务人偿还得越多,他们以实际商品计算的欠债就越多。经济之舟越倾斜,它就越倾向于倾斜。它本身并不倾向于自我纠正。它倾斜得如此厉害,以至正在倾覆。

在这种"倾覆"型的萧条中,最糟糕的是实际收入如此迅速地逐步减少,闲置的人和闲置的机器意味着产量下降和实际收入下降,而实际收入是所有经济科学的中心因素。顺便说一句,这种生产不足正好发生在生产过剩的假象出现的时候。

过度负债是什么?

在这项简洁快速的概括论述中,我没有讨论什么是过度负债。这里只要指出以下两点就够了:(一)过度负债总是相对于其他项目的——相对于国家财富和收入,相对于银行总体储备,特别是相对于黄金(当存在金本位时);(二)过度负债不仅是一维的数量规模,可以简单地通过所欠的美元数量来衡量,还必须考虑到期款项的时间分布。立刻到期的债务比几年后到期的债务更使债务人感到窘迫;由债权人选择支付方式的债务,要比由债务人方便支付的债务,更使债务人感到窘迫。因此,在通知贷款和提前到期的情况下,债务困窘尤为严重。

但在实际操作中,我们可以粗略地计算人们总的债务困窘程度,方法是计算当前到期的总金额,比如当年到期的总金额,包括租金、税收、利息、分期付款、偿债基金要求、到期日固定的证券以及其他任何明确或严格的本金支付承诺。

这就是10%制度起作用并引发大部分麻烦的地方，因为目前到期的大量债务是由短期、活期和通知银行贷款构成的。

以1929—1935年大萧条为例

我们现在（我相信）正在摆脱的大萧条，就是最严重的债务-通缩萧条的一个例子。截至当时，1929年的债务在名义和实际上都是已知最大的，约有100亿美元的通知贷款。

它们的数量是如此巨大，以致它们不只是"摇晃小船"，而且开始使之倾覆了。到1933年3月，清偿已将名义上的债务减少了约20%，但按批发价计算，商人的美元却增值了约75%，因此他的实际债务（即以商品计的债务）增加了约40% [(100%-20%)×(100%+75%)=140%]。

除非出现某种抵消因素来防止价格水平下降，否则1929—1935年那样的大萧条（即债务人偿还得越多就欠得越多的大萧条）往往会持续下去，在一个恶性循环中越陷越深，持续数年。在船倾覆之前，不可能停止倾斜。当然，最终只有在几乎普遍破产之后，债务才能停止增长，并开始减少。然后是复苏，和一个新的泡沫-萧条相继的趋势。这就是所谓的走出萧条的"自然"方法——通过不必要的和残酷的破产、失业和普遍的贫困。

而如果前述分析是正确的，则在经济上几乎总是可以制止或防止这种大萧条，简单地说就是大量地恢复被摧毁的货币数量，这意味着大力地通货再膨胀到适当的价格水平,然后保持这个水平不变。创造更多的货币会增加购买(这包括购买劳动力,即再就业),提高价格,增加利润等等,从而可以再次增加就业。

价格水平是可控的,这不仅是货币理论家的主张,而且最近在瑞典、英国、挪威、丹麦、澳大利亚、阿根廷、日本等国也得到了证明。美国和最近比利时的经验也可以被引用。

如果这是真的,那么"顺其自然"就像医生忽视肺炎病状一样愚蠢和不道德。这也将是对经济科学的诽谤,因为经济科学和医学科学一样有其真正的治疗方法。

如果通货再膨胀能够逆转近四年来通货紧缩的致命下行趋势,而此时通货紧缩正在积蓄势头,那么显然更早地阻止它会更容易些。事实上,在胡佛总统的领导下,经济的复苏很明显是由美联储的公开市场购买开始的,从1932年5月到9月,美联储的公开市场购买恢复了物价和商业。

不幸的是,由于各种情况,包括政治上的"恐吓运动",这些努力没有继续下去,恢复工作也停止了。

几乎完全避免大萧条本可以更容易。事实上,在我看来,如果纽约联邦储备银行行长斯特朗在世的话,就能做到这样,或者他去世后的继任者也能做到——如果他的政策被其他银行和联邦储备委员会所采纳并持续推行的话。在这种情况下,不会发生比第一次崩溃更糟糕的情况。我们可能会有债务病,但不会有美元病——有重感冒,但不会有肺炎。在10%制度下,第三章和第四章所述的通货紧缩趋势本来是可以克服的。

采取预防措施本可以更容易些。如果在1929年有一个100%

准备金制度，这本是最容易的；因为，在这种情况下，就没有必要通过公开市场操作来产生大量的"超额准备金"，即超过10%的准备金。准备金开始时不仅已超过10%，甚至是100%，任何公开市场操作本可以直接迅速地对商业和价格水平产生影响，而不是像现在这样仅仅堆积未使用的准备金，在大量的松懈被纠正之前，这些准备金毫无作为。

债务起因

目前作为前提假设的过度负债，肯定有其最初的诱因。过度负债可能是由许多原因引起的，其中最常见的原因似乎是，与普通利润和利息相比，出现了有巨大预期利润的新投资机会。这些新机会是通过新发明、新工业、开发新资源、开辟新土地或新市场而产生的。当预期利润率远高于利率时，我们就有了过度借贷的主要理由。当一个投资者认为他可以以6%的利率借款，每年获得超过100%的收益时，他就会忍不住借款，并用借来的钱进行投资或投机。这是导致1929年过度负债的主要原因。发明和技术进步创造了极好的投资机会，因此造成了巨额债务。其他原因包括：遗留下来的国内国外的、公共的和私人的战争债务，对外国人的重建贷款，以及我们的联邦储备银行为了帮助英国在1925年回到金本位制而偶然为之的低利率政策。

因此，每个过度负债的情况可能都有其自己的起因或一组起因。导致1837年危机的过度负债的主要起因与开发西部和西南部的有利可图的投资机会有关：房地产，棉花，建造运河（由伊利运河主导），蒸汽船，开发贯通阿巴拉契亚山脉的收费高速公路，等等。在导致 1873 年危机的过度负债中，最主要的起因是《宅地法》通过后的铁路和西部农场开发。导致 1893 年恐慌的过度负债主要是由于注入过多的白银而使黄金基础变得太小。但是，尽管通货紧缩起了主导作用，1893 年的恐慌似乎比大多数情况具有较少的债务成分，由于前四分之一世纪几乎持续的通缩，通货紧缩具有了累积效果。

当起因是获利丰厚的新投资机会时，债务泡沫，尤其是银行贷款的泡沫，往往比起因是重大不幸吹得更大、更快，例如地震仅造成非生产性债务。唯一值得注意的例外是一场大战，即使这个时候，主要还是因为战争会导致战后用于重建的生产性债务。

这与战争如何引发经济萧条的普遍天真观点大相径庭。如果目前的解释是正确的，那么世界大战永远不会必然导致大萧条。诚然，由于政府财政的紧急需要，战时的通货膨胀可能是不可避免的，但随之而来的过度通缩很可能是完全可以避免的。

四个心理阶段

公众为了获益而负债的心理至少经历了或多或少四个不同的阶段：（一）股息形式（即未来的收入）的巨大预期利润的诱惑；（二）希望在不久的将来出售获利，实现资本收益；（三）不顾一切的推销成为风潮——这利用了公众对于巨大预期利润的偏好；（四）发展出彻头彻尾的欺诈行为——强加给越来越轻信又容易受骗的公众。

当受骗者发现诸如哈特里和克罗伊格的丑闻时，已为时过晚。

不止一本书已经出版,来证明危机是由精明的推销者的欺诈行为造成的。但是,如果没有真正有利可图的投资机会作为最初起因,这些欺诈行为很少(如果有的话)变得如此严重。在"新时代"心理学与其受害者一起消失之前,它可能总是有一个非常真实的基础。这当然是紧邻1929年之前的状况。

结束语

我认为,上述"大萧条的债务-通缩理论"的总体正确性已被当前和以往大萧条的经验所证明。未来其他人的研究无疑会核实这一观点。一种方法是同时比较不同的国家。如果"债务-通缩理论"是正确的,那么国际上萧条的传染性主要是由于共同的金本位(或其他本位)造成的,萧条从通货紧缩国家传染到通货膨胀或通货稳定国家,几乎不会出现。

人们做了一项研究[①]来验证最后列举的假设,结果发现它实质上是正确的。例如,人们发现,在1929—1935年的大萧条时期,当一个金本位制国家随着黄金价格不断上涨出现经济萧条时,所有金本位制国家几乎肯定会受到传染,因为所有国家的价格都同样下跌了。但是银本位制国家和有管理纸币的国家逃过一劫,因为它们

---

① 参见 "Are Booms and Depressions Transmitted Internationally Through Monetary Standard?" XII Session de l'Institut International Statistique, London, 1934, by Irving Fisher。也可参见 Fisher, *Stabilizing the Dollar*, Macmillan Co., New York 1920, Apprendices, pp. 285-397, 和 "A Compensated Dollar," *Quarterly Journal of Economics*, February 1913, pp. 213-235。

的价格水平在上涨或稳定。后来,当美国人购买白银的行为提高了白银的价值,从而提高了中国白银货币的价值时,实行银本位的中国开始出现萧条,正如金本位制国家由于黄金价值的上涨而出现萧条一样。

在以上分析中,很明显,一个关键环节是支票货币的减少。第四章更详细地说明了银行和公众之间的现金争夺是如何造成这种减少的。

如果读者相信这一分析实质上是正确的,他就不能不相信10%制度是萧条产生的主要原因。因为,正如我们所看到的,在100%制度下,银行贷款的清偿不会减少一个美元的货币数量。有了大量的货币,就不会有大的价格下跌,而如果没有价格下跌,萧条链条中随后的环节基本上就不会存在。

此外,在100%制度下,经济萧条的开始永远不会很严重,因为之前的泡沫和过度负债不会那么大。

这并不意味着在100%制度下,不会有泡沫和萧条。这仅意味着它们的严重程度将大大降低。100%制度不会阻止小的涟漪,但是可能会阻止全部或至少大部分的惊涛骇浪。

第八章 对商业的意义

"通融"商业

在熨平泡沫和萧条的过程中，100%制度将为包括工业、农业、劳动力和其他所有经济利益方在内的商业提供两项特定的服务。这两项伟大的服务将是：为定期合同提供一个可靠的价值单位，并将此类定期合同——尤其是贷款——的供求从泡沫和萧条引起的干扰中解放出来。

上两章已介绍了两个职能中的第一个，即稳定美元。本章将专门介绍两个职能中的第二个——纠正贷款合同的供求关系。这就是《联邦储备法》中"通融商业"一条的目标。

许多人会很难相信100%制度能够促进银行贷款；因为他们认为，10%制度通过无中生有地制造贷款资金来促进这些贷款。在第五章中，我们已经看到了为什么这个论证是谬误的数个理由。特别是，我们已经看到，即使货币数量保持不变，在100%制度下，银行贷款也可以随着储蓄而扩大至任何合法范围。储蓄当然会随着繁荣而增加，不仅不会被扼杀，而且会随着100%制度下的繁荣增长而被培育成新的生命，茁壮成长。

增加的储蓄，为了构成可贷资金，除了以储蓄或定期存款的形式存在外，还可以以增加的银行资本的形式存在。除了这两种形式，它们还可以采取许多其他形式，例如对信托投资基金的投资。

如前所述，银行在没有确定有钱可以放贷的情况下放贷，属于不健康的状况。而且只有一帆风顺，借钱的史密斯夫妇恰好与存钱的琼斯夫妇相匹配时，才可以容忍10%制度。我们还看到，在100%制度下，我们没有机会让这两者不平衡；它们将不得不保持平衡，因为除非银行手头有钱，不管是自己的钱还是别人的钱，否则银行是不能放贷的。

货币供应的唯一变化是通过货币委员会来保证国家的利益，并按照某种特定的标准来保证这种利益。它不再仅仅是为了银行、商人或投机者的利益。

通融的成本是什么

但是，在100%制度下，鉴于借款人可能必须将其票据再贴现一次（如果不是两次的话），通融不会给借款人带来更高的费用吗？至少，他是否会因为100%制度而不必支付更高的利率？

名义利率也许起初会上升，也许不会。但无论哪种情况，实际利率肯定会下降；因为（假设该制度始于经济萧条时期，实际上这是它唯一可能会被接受的时间）货币委员会采取的第一步就是提高价格水平。在这种"通货再膨胀"期间，必须从名义利率（即以货币计算的利率）中减去价格水平的上涨率（美元的下跌率）。只有这样，才可以计算出实际利率，或以商品计算的利率。

例如，如果一年期贷款的名义利率为6%，而那一年的价格水平上涨了(即美元下跌了)1%,那么实际利率将只有5%。也就是说,今天以6%的利率借了100美元的借款人,明年将偿还106美元,但明年的这106美元只值今年的105美元。①

通货再膨胀带来的好处——对债务人和债权人都一样——是更大的稳定性。

在10%制度下,美元的不可靠性不断提高和降低利率,尤其是实际利率。在泡沫时期,当美元贬值时,实际利率往往低于零——这对借贷者来说是暂时的好处,诱使借贷者过度负债,最终导致萧条和通货紧缩,而此时实际利率有时会超过50%。

即使10%制度下的名义利率确实低于提议的100%制度下起初的名义利率,这种廉价现在也只是一种错觉和陷阱,主要是因为10%制度导致泡沫和萧条。在这样的制度下,借款人的损失远远超过通过名义上的廉价货币(假设提供了这笔钱)所得的收益。他经常失去偿付能力;常常无论如何也得不到贷款;通常情况下,他不能在最需要的时候续借,也不能在得到续借承诺的时候续借——而且如果没有这样的承诺,他本来也不会借。从长远来看(包括萧条时期),在100%制度下,普通的小额借款人也会过得更好,即使他始终必须支付名义上的高利率,而不是我预料在100%制度下普遍的低利率。他总是能以某种价格获得贷款,而现在他却发现无论以什么价格都无法获得贷款。当这种情况发生时,即当商人无法获得或延长他急需的贷款时,他突然发现自己的生意落入银行家手中。这通常对商人、银行家和公众都有害。

---

① 参见 Irving Fisher, *The Theory of Interest,* New York, Macmillan Co., 1930。

10%制度扭曲利率

在10%制度下,借入(borrowing)和贷出(lending)通常不会以适当的利率达到均衡,从而实现市场出清。

正如刚刚看到的那样,这主要是因为价格水平的变化会使利率,尤其是实际利率陷入混乱。但是还应指出的是,在10%制度下,即使通过操纵利率[①]成功地使价格水平暂时稳定下来,由于该制度的缺陷,这种努力也必然要求利率偏离正常水平,即偏离单纯的贷款供求关系本来会产生的利率。这是因为,当联邦储备银行为防止通胀或通缩而提高或降低利率时,这种提高或降低必然会在一定程度上干扰自然货币市场。

实际上,在斯特朗行长去世后,他在货币稳定性上所做的努力几乎与他一同消失了,这只是因为,他在追求稳定政策时刺痛了银行家,即将利率用于隐秘的目的,"扰乱了债券市场",并且常常将政府债券"塞满"联邦储备银行,而联邦储备银行并不会出于投资目的真想这么做,实际上是斯特朗的政策强加给它们。确实,引起这种敌意的主要原因是,斯特朗的批评者们没有意识到全面稳定的重要性;但也有部分敌意是非常合理的,因为在斯特朗的管理下,利率并未如其应当的那样反映贷款市场的状况,必然有些轻微的扭曲。

[①] 参见第六章,"10%制度相对难以管理"一节。

100%制度通过顺其自然的利率来促进贷款均衡

在100%制度下,货币委员会履行稳定职能对利率——即使对名义利率或货币利率——的干扰,会远低于现行10%制度的要求。利率会根据贷款的供给和需求自然地寻求其水平,而实际利率不会被紊乱的货币所扭曲。货币委员会仅在履行其维持美元购买力的一项职责时,就会顺便自动地比现在更可能接近达到正确的利率。

很容易明白为什么这是正确的,也就是说,为什么利率在100%制度下应该比在10%制度下更正常。

首先,公开市场操作不会像现在这么多。相比之下,它们总是微不足道的;因为不会有剧烈的货币量波动要对付。

其次,只要美元保持稳定,利率(即今年的美元兑换下一年的美元或以后的美元的关系)将免受价格水平和货币单位价值的扰乱,更容易寻求并找到合适的水平。

让我们详细研究一下影响利率的一些因素。

我们知道,借入往往会提高利率,而贷出会降低利率。同样,出售债券(或类似的偿债义务)往往会提高债券所实现的利率(通过降低债券价格),而购买债券往往会降低利率。出售债券和借入货币是等价的;购买债券和贷出货币是等价的。

考虑到这些事实,假设由于心态的改变(例如通过一些出色的老式节俭运动),储蓄将超出成员银行寻找借款人的能力,从而使

可贷资金在某一给定利率下的供大于求,不能市场出清。这种情况
142 的结果应该是降低利率,在100%制度下,这就是实际上的结果。

　　充斥着可贷资金的银行将前往联邦储备银行购买债券(或偿还贷款)。接着,出售这些债券收到的大量资金充斥着联邦储备银行,联邦储备银行将去货币委员会购买债券(或还清贷款)。货币委员会接着被这笔购买资金所充斥,并希望将其投入流通(避免将其留置造成通缩),它将成为公开市场中债券和其他投资的积极竞标者;这种额外的债券购买或借贷将降低利率,从而抑制贷出并鼓励借入。结果将是抑制可贷资金的过度供给,并刺激不足的需求,直到供求之间再次达到平衡,并且市场以较低的利率出清为止。

　　而在10%制度下,存款的一部分将用于偿还商业银行贷款;减少贷款意味着减少活期存款,等于降低价格水平。对利率的影响是降低名义利率,但实际上会提高以商品计算的利率,这是一个极不正常的结果。

143　　为了看到反方向类似的异常结果,我们假设由于心态的变化,对贷款的需求超过了供给。例如,假设在最近流行的消费哲学的影响下,储蓄减少了。这种情况的结果应该是利率上升,在100%制度下,这就是实际结果。成员银行将被要求提供超出其资金能力的贷款。然后它们会向联邦储备银行申请贷款或再贴现,联邦储备银行再向货币委员会申请,货币委员会再向公众申请,也就是说,成为借款人,或在公开市场上出售债券。所有这些额外的借款或额外的债券出售都会提高利率;因为出售债券或对未来的其他债权往往会降低其价格,这意味着提高这些债券的利率。当利率提高到足以降低过度的贷款需求,增加不足的贷款供给,直到两者相等时,市

场均衡才会恢复。

而在10%制度下,如此新的和过度的贷款需求可能导致商业银行的短期贷款膨胀,从而导致活期存款膨胀并提高价格水平。对利率的影响是提高了名义利率,但是(由于价格水平的变化)实际上降低了以商品计算的利率——这是一个极不正常的结果。

或者,如果贷款的供需变化不是来自于上述假设的心态变化,即节俭心态的增加或减少,而是来自于投资机会的变化,那么两种制度下的结果也会有所不同。在100%制度下,由于不受价格水平扰动的干扰,结果仍然是正常的。但是,在10%制度下,价格水平的扰动会再次打乱结果。

例如,假设因为更期望通过购买从事新奇发明的公司的普通股来获得高额利润,人们对贷款的需求增加了。也就是说,人们可以比他们期望通过股息获得的利润率低得多的利率借款。在100%制度下,几乎不会造成什么损害,因为一方面名义利率和实际利率都会上升,从而约束借款人,而另一方面价格水平也不会上涨来诱使借款人进行越来越多的借款。

但在10%制度下,我们会看到物价上涨和泡沫。届时,实际利率和名义利率将分道扬镳。在实际利率应该上升时,它下降了;受害者清醒后发现,他们用来投资的钱并非来自储蓄,而是把想象出来的或捏造出来的资金拿来投资,除了自己的本票外,没有什么产生这些借贷资金。这就是1929年所发生的事情。

重复一下,通常投资来自储蓄。如果投资是用借来的钱进行的,那么它们至少应该来自别人的储蓄。但是,在10%制度下,在一段不祥的时期内,它们可能会凭空产生,也就是说,出自通货膨胀。在战争期间,我记得一位演讲者敦促他的听众购买自由债券。"您不需要用存款来做这件事,"他向他们保证,"也不需要停止花钱。您可以向银行借款,以获取您购买自由债券所需的全部资金。如果银行要求抵押,它们会接受你用它们借给你的钱去购买的自由债券。这是一种永恒的运动。"当然,这意味着通货膨胀。

这种"投资"并不是来自所谓的"投资者"或所谓的"贷款人"(银行)的储蓄,而实际上是来自强制储蓄,即公众由于生活成本提高而减少的消费。

这种错误的投资和转嫁的牺牲正是在 10% 制度下所发生的,无论是在自由债券运动中,还是在股市投机风潮中。在 100% 制度下,不仅储蓄和投资会如应该的那样共同进退,而且实际利率和名义利率也将如应该的那样共同进退。投资和利息都将正常地跟随供求关系,不受美元价值变化的误导。

简而言之,恢复利率的本来意义和其出清贷款市场的职能将是建议的 100% 制度的优点之一。

逐步降低利率

因此,在 100% 制度下,稳定美元并允许利率根据真正的商业原则进行调整,将是连贯一致的工作。而且,在一个不断发展的社会中,随之而来的是需要不断增加货币供应量以防止美元升值,很明显,货币委员会通常会处于购买方(使用新发行的委员会货币),并且,因为它购买的将是债券和其他将来会支付固定金额的债务,所以这种购买(即借出)将对其价格施加稳定的向上压力,从而对这些价格所代表的利率产生向下的压力。

也就是说，在 100% 制度下，总的来说，每年会有货币创造，实际上将以贷款的形式发行，即购买有息证券。这种货币创造不会造成通货膨胀，而是局限于维持美元价值的商业需求。

发行新货币的这些种类的贷款每年的增量将很小。此外，从前面的讨论中可以清楚地看出，不管有多少新钱，用新钱发放的贷款的微小年度增量都可以大大增加储蓄规模，当然不用说与储蓄规模相比还是相形见绌。因此，利率的真正决定者与其说是货币委员会的运作，不如说是我的《利息理论》的标题页中指出的那些一般性基本原理，利率可以说是"由花费收入的不耐和投资收入的机会所决定"。

在 100% 制度下，真正对利率产生重大影响的，是不间断的储蓄积累，它导致了利率的逐步下降。

延长贷款

100% 制度的一个附带但重要的影响，是延长了银行贷款的平均寿命。在 10% 制度下，银行经常试图缩短贷款期限以适应自己的需要，尽管借款人希望贷款期限更长。也就是说，银行需要保持"流动性"，并且能够在短时间内获得资金，以增强其不稳定的准备金。

显然，这是 10% 制度的另一个缺陷，也是一个非常严重的缺陷。贷款期限应主要是"通融商业"，而不是主要来通融银行。准备金不足和大量活期存款使得银行处于不稳定状态，10% 制度事实上与此相互适应,导致今天的银行贷款期限异常地短。

人们需要大量资本贷款,远远超过现在可以提供的。实际上,为了获得业务,商业银行通常必须提前承诺,延长它们的短期贷款。通常,承诺是口头的,如果不方便兑现,很容易被打破,常常也使借款人破产。有时,借款人在许多银行保留账户,用以转移或"轮换"他们需要延期的贷款。但是,当所有银行都要求立即还款时,借款人的需求就无法通过转移贷款来满足。

在 100% 制度下,这种续借困难(目前这是商业的重大弊端之一)并没有那么明显。借款人更有能力预先规定自己想要的贷款期限,因为他自己的业务要求不会被银行的"流动性"要求(实际上指的是准备金要求)压倒。此外,偿还时间表不会像现在那样常常是虚构的,而是一个程序,就像长期债券偿债基金的偿还时间表一样,必须作为一种理所当然的事情加以遵守。

当前表面上的短期贷款体系在萧条时期尤其令人失望。从萧条中复苏需要长期的资本贷款,而不是短期的商业贷款。但银行的要求恰恰相反。因此就出现了企业无法获得贷款、银行无法发放贷款的说法。

在萧条时期,尽管有银行存在,贷款却趋向于冻结。亨普希尔先生观察到,在以前的经济萧条中,复苏是从那些更具冒险精神的银行开始的,通常是在乡村地区,通过给它们的客户他们想要的资本贷款来开始。这些银行几乎都被当前的萧条所摧毁,这使得这种类型的复苏变得不可能。

因此,10% 制度无法提供商业和实业界所需要的长期资本贷款,那些试图提供这种长期贷款的银行都被淘汰了。

经济萧条不仅使贷款冻结,也使银行破产。即使在平时,贷款也有逐步冻结的趋势。如果一开始银行发放的贷款中只有 5% 可以续借,那么不久之后就会再增加另外 5% 这样的贷款,因为资本贷款是最被需要和最多被要求的,而银行渴望业务,所以会在某种程度上不由自主地发效此类贷款。银行将以短期贷款为幌子开展这一业务,并承诺可以续约。这样,很快又增加了 5%。因此,随着长期贷款的不断增加和很少减少,最终几乎全部贷款都会冻结。其结果是,当负债(即活期存款)会被随时提取时,非流动性资产却逐渐增多。

直到最近,我国商业银行的这种逐步冻结的趋势,部分地被每年创建新银行增加的流通量所抵消;因为,当公众拥有充足的流通媒介时,他们就更倾向于借款和存款。但随着创建新银行的停止,冻结的趋势成为主导。

因此,长期贷款有很多严重的问题,而 100% 制度将使这种贷款成为可能的和安全的,这一事实是 100% 制度最重要的一个优点。

少贷款多投资

与长期贷款保持一致的,是鼓励优先股或普通股投资。这只是用定期存款代替活期存款之外的一个步骤。商业银行将趋向于逐渐成为各种形式的投资银行,并且可能出现与公众需求相对应的新形式,而不是与银行家在 10% 的紧身衣之下的当前需求相对应。

所有这些并不意味着借款将停止,甚至取消短期借款;但简单来说,短期贷款在银行投资组合中的相对重要性将下降。在我们当前的制度下，短期贷款通常变成冻结贷款。

总　结

因此，100%制度对商业的意义包括：(1)稳定美元；(2)减轻甚至实际消除大泡沫和大萧条；(3)促进正常的贷款运作，达到供需平衡，贷款始终可以按一定价格获得；(4)保持名义利率和实际利率一致；(5)使储蓄和投资更加接近相等；(6)使得储蓄的积累越来越稳定并越来越多，利率也越来越稳定，并最终降低利率；(7)调整贷款期限，以适应商人而不是银行家的需要。

第九章　对银行业的意义

补偿商业银行

如第一部分所述，至少在一开始，银行应以某种方式得到补偿，因为在100%制度下，银行必须持有闲置的额外（从其立场来看）新货币准备金，以替换它们必须移交给货币委员会的赢利资产。

乍看之下，似乎这个补偿将会非常多——几乎等于（联邦储备银行除外）货币委员会购买的资产的收益。确切地说，这些盈利似乎是对所遭损失的精确衡量。但进一步的考虑表明，少量金额就足够了，因为从长远来看，银行不会遭受净损失，而会实现盈利。

第一，在当前制度下，银行家必须花费大量的时间、精力和费用来跟踪活期存款人的转账和结余。在100%制度下，存款人会被要求向银行支付一笔小额的服务和仓储费用，用于保管他们的钱和记录支票转账情况。① 德国的邮政支票系统实行100%制度，其多年的成功运营提供了先例；该国于1934年12月通过了一部法律，规定了此类服务费用和政府信贷管理局对银行创造信用的更大控

---

① 委员会完全可以基于公共服务原则承担全部或部分费用，按此原则铸币厂取消了"铸币费"，代之以政府出钱无偿造币。下文指出了第三种方法（让银行在一段时间内从它们已被转移的资产中继续获得收入）。

制权。该中央局有权决定服务费用的使用和金额。

目前看来，银行只要出售 100 亿美元的政府债券，就可以达到 100% 准备金，这样会放弃每年大约 3 亿美元的利息，通过向每个个人活期存款账户收取服务费就能够平衡过来。①

第二，在我们目前的体制下，银行业是一个高风险的行业。对于活期存款业务，100% 制度将把这种风险降低到零；因为银行将不再不时地被迫通过突然剧烈地要求收回贷款来充实准备金。这意味着它们将不会再遭受那些由于大萧条的原因而目前不可避免的周期性损失。

第三，由于银行业的风险性，银行持有的一些证券由于担心挤兑而流动性极高，现在几乎赚不到钱。在完全无风险的 100% 制度下，这类证券基本上可以被收益更高的资产所替代。

第四，结束以活期存款为基础的短期货币贷款业务，所遭受的任何收入损失，最终会因增加以定期或储蓄存款为基础的长期货币贷款业务而得到补偿——很可能是数倍，更不用说增加的投资了。

考虑到这些因素，一家普通银行在 10—20 年的时间里（包括萧条时期）在 10% 制度下运营，其利润不可能有多大。实际上，如果它们盈利丰厚，我们将看到大量资本涌入商业银行业。相反，我们却看到数以千计的此类银行倒闭。

即使在最好的年景，银行的利润也比乍看之下要少。1926 年 6 月 30 日，国民银行的个人活期存款为 98 亿美元，资本和盈余为

---

① 当一个账户中的月平均余额低于一定的最低限额时，银行就会收取服务费。最低余额和服务费根据银行所处地点和银行业务类型以及账户活跃度而有所不同。大银行甚至设有分析部门，计算个人账户给银行带来的实际成本。

26 亿美元，全部净利润为 2.49 亿美元。在 100% 制度下，至少有一部分利润会继续存在；因为银行仍然可以自由借出自己的资本和盈余。如果 26 亿美元自有资本和盈余的正常回报为 5% 或 1.3 亿美元，并且如果在 100% 制度下能从储蓄存款业务或其他业务中获得超过这一数额的收入，那么在 2.49 亿美元中，只有不到 1.19 亿美元的收入可归功于将准备金贷出几倍的特权。1.19 亿美元只相当于 1926 年 98 亿美元活期存款的 1.2%——1926 年是异常繁荣的一年。

这意味着，允许银行以十倍于其实际存款的资金放贷，这一原本的固有优势早已耗尽。真正的巨额利润早就被榨干了。在竞争下，正是这种通过提供存款利息和其他方式来获取利润的努力减少了利润。

正如第三章所指出的，今天一家新成立的银行，比方说，从实际存在银行里的 100 万美元开始，不可能像许多人错误地认为的那样，资产负债表上有 100 万美元的准备金和 1,000 万美元的存款（以及 1,000 万美元的贷款和投资）。相反，这三个数字将缩减到十分之一，也就是说，接近 10 万美元的准备金和 100 万美元的存款（以及 100 万美元的贷款和投资）。原因是这家银行无法阻止大部分资金流入该国的其他银行。

计算合理的补偿

当然，对非赢利资产代替赢利资产造成的损失进行公平评估的问题太过技术性，无法在此处进行全面讨论和得到完美解决。银行专家将必须根据现有记录完成它,包括不好年景以及好年景的记录,例如利润,亏损,倒闭,分红,评估,银行支付的活期存款利息与贷款利息之比,以要求最低存款为先决条件的贷款,以及银行股票的市场价格与其清算价值的比较。

但是我们不必等待这种专家评估,因为我们至少在开始时不需要以最纯粹的形式建立100%制度。第二章所述的"妥协"计划几乎可以在一夜之间被采纳为临时权宜之计,甚至可以作为该问题的永久解决方案。根据该计划,政府债券将被视为现金。

只需要适当地限制债券的数量,银行就可以把这些债券作为一个整体来使用。最简单的限制是将数量保持在固定数字上。超出该固定金额后,增加的每一美元支票货币必须代表增加的一美元实际货币,就像根据英国法律,英格兰银行发行部所持有的政府债券数量超出规定后,增加的每一英镑纸币就必须代表增加的一英镑黄金。

根据该计划,如第二章所述,可以进一步规定,这些债券可以在接到通知后立即兑换成现金,或者起类似的作用,即可以将其用作联邦储备银行有息紧急贷款的抵押品。[①] 到期时,债券将被偿还,或用其他收入来源(如服务费)替代债券的利息。

新货币(或信用)的发行并不带来新税收,而将计息债务换成无息债务甚至会减少税收。利息收入从收税对象那里转移到我们这里,因此,我们有能力对银行慷慨解囊;但是给银行不合理的补偿是浪费的。而且,根据这项妥协计划,银行的主要收入来源,即

---

① 有了如此高的流动性,银行将有充分的理由以低利率放贷。

它们现在从政府债券中获得的3亿美元利息,至少目前仍将保留。

许多人可能会问,既然目前银行的赚钱能力很大程度上源于行使其所"篡夺"的政府特权(即创造货币),为什么要建议对银行赢利能力的降低进行任何形式的补偿呢?答案有两个。首先,应尽可能将银行家们真的认为自己受到了不公正对待的情感消除,即使在某些人看来,这种情感似乎是没有道理的。(而且这种和解性安排将进而降低由于银行家的反对而导致延误的可能性。)其次,不仅大多数专业银行家,而且所有持有银行股份的人,也就是普通大众,都是诚心诚意地购买了这些股份,并拥有一种应该得到尊重的"既得利益",即使对活期存款银行的激烈征用都会暂时损害他们的利益(这是事实)。他们是"无辜的价值购买者"。

补偿联邦储备银行

在我看来,就联邦储备银行而言,除了给它们资本金6%的红利以外,任何形式的"善意"支付都不应该有。这是《联邦储备法》最初打算和规定的利润。出于某种奇怪的原因,这6%的限制后来被取消了,但现在又恢复了。

这些银行的经营目的是不考虑私利,以帮助成员银行和一般商业。中央银行的任何私利动机都会产生危险。在10%制度下尤其如此。为了服务其他银行,中央银行往往必须与最有利于自己的做法背道而驰。

因此,中央银行的私人赢利动机也已经变得次要了,即使是英格兰银行也是如此,从表面上看,英格兰银行一直是一家有权获得私人利润的私人银行。

"浮存"

在偿付日计算一家特定银行的存款和国家存款时,困难是以"浮存"形式出现的,即从一家银行转到另一家银行托收的支票。当一家银行一张 100 美元的支票存入另一家银行时,它被贷记到存款人(在第二家银行)的账户上;但它不能立即同时借记在出票人(在第一家银行)的账户上,它必须等待支票到达并出示后。这时,第一家银行的存款总额(支票以此为基础开出)以及该国的存款总额都被夸大了 100 美元。

要得到每家银行在某一特定日期的活期存款的准确数字,最准确的方法是从该日起在一段合理的时期内,禁止将其记入贷方账户,直到收到支票款项,完成托收。也就是说,使用"递延信用"制度。另一种方法是,不使用任何特定的日期来计算存款,而是在一段时间内取一个估计平均值,从每家银行记录的存款的平均值中减去"浮存"的估计平均值。还有其他方法。

银行券背后的 100% 准备金?

在第四章给出的说明性表格中,为简化说明,将银行券(联邦储备券和国民银行券)当作活期存款对待,并用委员会货币充当了它们的 100% 准备金。但是,几乎不需要用委员会货币来支撑银行券,即以一种纸币来支撑另一种纸币。当然,可以这样做,这样旧纸币就兑换成新纸币了，最终在该国只存在一种形式的货币（委员会货币）。这样的简化有强大的吸引力。但是，从实际的角度来看，我们很可能会乐于让这些现有的银行券单独存在，只是将它们限于100% 法律生效时的流通金额内，并将它们包括在"合法货币"之内，就像我们在 60 年前将 3.46 亿美元的"绿背"钞票限制在这一数额之内，允许其继续存在一样。类似的考虑也适用于我们目前纸钞杂项中的银元券和其他项目。让熟睡的狗躺着通常是好的。

存款保险

人们最近提出了两项特殊的银行改革：存款保险和分支银行；前者（存款保险）在一项法规中已有了很多规定。[①]

作为临时的权宜之计，存款保险是一种旨在使我们摆脱萧条的有用措施。但是，就州立银行而言，经验表明，通过鼓励粗心的银行业务，对存款进行保险通常会增加承保风险。就是说，银行容易过分依赖于风险保险，以致放松先前规避风险的直接努力，特别是如果直接努力的成本很高，因为这些努力是在 10% 制度下进行的。

例如，银行通常会有一些用于投资专家、信用研究和许多其他因素的费用；而一旦单个银行发现这些高成本是不必要的，它们就会倾向于逃避，就像在存款保险下所做的那样。其结果往往是减少了防范风险的措施，而同时增加了这种风险。存款保险目前增加了

---

① Glass-Steagall Permanent Banking Law, being No. 66 of the 73rd Congress. 另请参见 The Banking Act of 1935。

安全性，但如果我们继续保持已经被证明本质上非常危险的10%制度，这种安全性可能会变成危险。

162　对于存款保险，有理由害怕的是大银行，而不是小银行。因为一旦破产，首当其冲承担存款担保金额成本的将是那些大银行。

100%制度将为它们节省成本。没有比100%准备金更好的存款保险了。

分支银行

100%制度不仅能把大银行从它们害怕的事情中拯救出来，也将把小银行从它们一直害怕的分支银行业务中拯救出来。分支银行的巨大优点是对防止银行挤兑和银行倒闭增加了保障。这确实是一种优点，正因为如此，如果我们坚持10%制度，分支银行就应该普及。但是，这个国家有着地方独立的传统，在许多地方，分支银行业务的好处值得怀疑。它将意味着外地人拥有银行和大银行统治，这两种情况在美国尤其令人讨厌。与分支银行系统相比，100%制度能更好地防范挤兑和倒闭。

因此，小型独立银行有赞成100%制度的特殊理由——既能提供最大的安全又能使其摆脱分支银行的威胁。

100%制度下的小镇存款业务

163　在一个没有其他存款银行机构的小镇上，政府很可能会采取特别措施，通过补贴或使用邮局——如果这似乎是更好的办法——来

第九章 对银行业的意义

提供活期存款机构。

如果在任何社区完全撤销包括贷款业务在内的银行机构，则应鼓励分支银行；因为在这种情况下，小银行或其他任何人都不会提出有效的反对意见。相反，如果有机会成为一家大型银行的分支机构，一家本来会倒闭的小型贷款银行就可能通过这一做法被拯救。

这里不是详细讨论美国小银行问题的地方。我只强调一点，那就是 10% 制度在独立银行多的地方比在独立银行少的地方更危险。在拥有许多分行的大银行比较少的地方，如英国，银行家们对第三章中所描述的贷款金字塔效应更加敏感，并会对其加以防范。

值得注意的是，美国是这次大萧条中唯一遭受广泛的银行倒闭之苦的国家，因此，与其他任何国家相比，我们因支票货币减少而遭受的损失更大。

简而言之，美国对 100% 制度的需求远远超过其他任何国家。[164] 该领域最权威的一位人士给我的信是这样写的：

"我对平衡新储蓄和新贷款（或投资）的想法非常感兴趣，并完全同意您的看法，这可能是令人满意的货币体系的最重要基础。事实上，我认为它是货币和银行改革的核心。在拥有一个高效中央银行和少量高效商业银行的国家（例如英国或瑞典），我认为，这种想法一旦清晰地实施，就可以在不对现行法律法规进行任何实质性修改的情况下达到目的，当然也不用制定 100% 准备金要求。但是，在美国，由于拥有数千家不同种类的银行机构，我完全同意 100% 准备金要求是达到理想结果的最佳方式。这就是我热情肯定该建议的真正基础。"

防止将来的规避

有人提出，就像1844年施加于英格兰银行的针对其纸币的(部分)100%制度通过活期存款被规避了一样，针对存款的100%制度也可能会以某种方式被规避，这样准备金不足的危险就会再次出现。

因此，我们应该保持警惕，防止任何其他形式的流通媒介成为规避手段。州立银行的活期存款即使没有被禁止，也必须由联邦政府控制。得克萨斯州格雷厄姆市的资本家、法学博士M. K. 格雷厄姆先生在他写的几本有趣的书[①]中预言，这种存款终有一天会被宣布为违宪。最高法院是否会裁定允许活期存款在技术上是"铸币"，还有待观察。也许处理州立银行存款的一种更快更好的方法是宣布活期存款是一种州际商业形式，因此受联邦政府管辖。

除非受到一些新法律的约束，定期存款或储蓄账户也可能成为逃避手段。必须特别注意不能允许用支票支取储蓄存款。

定期存款的风险

另一方面，由于储蓄(定期)账户在100%制度中的额外重要性，

[①] *An Essay on Gold Showing Its Defects as a Standard of Value,* M. K. Graham, Texas, Hargreaves Printing Co., Dallas, Texas, 1925. 也可参见 M. K. Graham, *Continuous Prosperity,* Parthenon Press, Nashville, 1932.

它们要受到额外的保障。[①]

一般来说，100%的活期存款制度会为储蓄存款增加一些安全措施；因为储蓄银行的挤兑通常紧跟在交换媒介收缩和美元升值之后，而且正如我们所看到的，这些收缩主要是由于支票账户后的准备金不足，以及商业银行以流通媒介为代价"纠正"这种情况而迅速采取的行动。而且，现在用于支持商业存款的短期票据将可用于支持储蓄和定期存款。

然而，我们有充分的理由相信，大量加强储蓄银行的规定，特别是关于要求适当提前通知取款的规定，在许多情况下是可取的，这在很大程度上与本书的主题无关。详细讨论这个问题会使我们离题太远。在此引用两位出色的银行家的意见就足够了——圣路易斯广场银行行长 F. R. 冯·温德格先生和副行长 W. L. 格雷戈里先生在给我的联名信中表示支持 100% 计划：

"在上一次萧条之前，实际上美联储内试图解决我们的银行问题的大多数人都一致认为，储蓄和定期账户的准备金不足，而且从活期到定期账户的巨大摆动很大程度上是由于轻视准备金而人为产生的情况。实际上，当时我们所有人都将储蓄和定期存款当作活期存款，而除了定期存单之外，我们目前仍然这样做。联邦储备委员会条例现在禁止我们在存单到期前支付或贷出。尽管如此，我们

[①] 例如，为了防止过于频繁的提款：(1)计算"存款人"应得的利息，不是根据上次计算以来他的平均余额，而是可能根据自上次计算以来他的最低余额计算。(2)已发出提款通知的存款不得享有任何利息。(3)取消或限制邮政储蓄银行的竞争；在100%制度下，它们将不再发挥任何重要作用。(4)应限制一月、两月等时间内可以提取的金额。(5)在紧急情况下，银行应有权要求提款需要额外通知。

仍然随时向我们的储蓄存款人支付。重要的是，对银行的大规模挤兑是由储蓄和定期储户制造的。当麻烦在1933年1月达到顶峰时，圣路易斯的几乎每一家银行都面临着大量储蓄存款人提款，而支票存款人产生的麻烦最少。全国大部分地区都是如此。

"我们相信，在储蓄账户和定期存单方面，我们将不得不有一个全新的协议。我们愿意你们把我们银行的这个部门变成某种投资银行的性质，但是我们不能允许我们的客户再像以前那样存款了。当他们把他们的钱存入该部门时，必须告知他们可能出现无法随时取款或银行无法按照票面价格回购银行发行的证券的情况。我们认识到，我们确信银行应该在向存款人签发一定期限的存单或票据的基础上来经营这个部门。

"客户必须了解，他无法随时要求取他的钱并被全额支付。他必须了解，他正在承担信用风险，并且他的钱将通过适当的渠道重新贷出去，但这样一来，他不能通过要求自己的钱来迫使储蓄银行家突然收回其贷款。当然，其中一些问题可以通过委员会的监管和安排银行债务的到期日来解决。这可能意味着为更长期限的安排支付更高的利息。"

没有支票特权的储蓄存款与活期存款有本质区别，这一点怎么强调都不过分。即使提款变得非常容易，储蓄账户存款人也很少提款，因为他喜欢积累利息。经验证明了这一点。储蓄账户存款人习惯于每周或每月把钱存起来，如果可能的话就不取出来。

对利息的预期是任何快速流通的一大障碍。在内战时期，50美元的纸币以每天1美分的利率发行，并被期望以货币的形式流通，因为利息很容易计算，这些纸币一天天的价值是明显的。但它们几

第九章 对银行业的意义

乎不会流通——每天 1 美分的收入使它们无法流通。①

储蓄存款根本不应该被称为存"款"。它不是货币,通常也不被当作货币使用。它只是一种"速动资产",就像自由债券一样,比普通资产更容易出售。从理论上讲,速动资产比其他资产更容易被用来代替货币。也就是说,自由债券用于易货交易要比一支价值未知的股票用于易货交易更容易。但是,在实践中,即使是流动资产也很少被用来代替货币。它们通常首先被换成货币,然后货币被用来购买其他东西。正如刚才所说,储蓄存款也不例外。活期存款中的每 1 美元每年可以购买价值 25 美元的商品,而储蓄账户中的每 1 美元每年很少能周转一次。

在马萨诸塞州,1920 年信托公司的储蓄存款周转速度不到一年一次,1924 年不到两年一次,1931 年不到两年一次。同期,储蓄银行存款周转率分别低于四年、四年和五年一次。也就是说,活期存款的周转速度是储蓄存款的 25 到 125 倍。储蓄存款是一种投资,是"存款人"提供的贷款。即使按他的要求偿还,即使这种要求多到构成对储蓄银行的"挤兑",甚至可能使银行破产,也不会因此而破坏我们的流通媒介。"无辜旁观者"受到的伤害并没有当商业银行发生挤兑时他受到的伤害那么大。

另一方面,就像我们在第四章中看到的那样,仅仅是清偿商业银行贷款,就会摧毁我们流通媒介的一大部分,放大每个人的美元,几乎将破坏传遍世界。此外,如果我们处于 100% 制度的保护之下,

---

① 印花代币券的相反经验同样具有启发意义。每月哪怕只征收 1% 的税,也能有效刺激其快速流通。

储蓄银行挤兑和倒闭对美元可能造成的任何冲击,都可以由货币委员会通过发行或收回货币的权力来抵消。最后,请再次注意,鉴于美元的稳定,储蓄银行挤兑将极其罕见。

这一变革将有利于银行业

已经清楚的是,即使要求银行家们从一开始就用非赢利资产代替赢利资产并占用那么多现金,也不会造成任何损失。

但是,对银行家们来说,最大的好处就是那些普遍繁荣带来的好处。银行家们随着客户的繁荣而繁荣;银行家们从真实的和累积的繁荣中获得的利益将通过他们的客户来实现——以储蓄账户、信托账户、投资等形式。

毫无疑问,100%制度将改变银行的性质,但这种改变将变得更好——摆脱目前极其起伏不定的不稳定的业务,走向银行家梦寐以求的安全业务,不受泡沫和萧条的影响,也摆脱不得不使表面上的短期贷款经常成为冻结贷款的境地。

如果活期存款得到100%的担保,那么几乎所有其他的银行法律规定都可以被废除。

银行家们在想什么

银行家们通常对拟议中的银行体系改革感到恐惧,其中包括许多已被证明对他们有利的改革。许多经济学家经常对这一事实发表评论,例如,英国的凯恩斯和瑞典的卡塞尔就公开发表过评论,美国至少有一位最权威的人士私下里对此发表了评论。他向我列举了许多例子,银行家们最初站在银行业变革的"错误一边"。

因此,很多银行家在没有花时间研究100%制度提议的情况下,可能会反对它。有几位已经这样做了。然而,令人鼓舞的是,已经有许多银行家对此表示赞同。

银行家们普遍反对100%制度的一个原因是,他们没有意识到,由于10%制度,他们现在生活在虚幻的乐园(fool's paradise)里。他们茫然不知自己所承担的风险。

第十章　商业和银行业中不合理的观点

10%制度更容易获得贷款的观点

有一种比喻说法,把借贷技术描绘成一个让借款人的资产流动起来的过程——使他的房子和土地能够流通。

批评家们对100%制度最普遍的反对意见是,100%制度会损害这种职业技术,并倾向于"使信用来源枯竭"。

现在应该清楚的是,恰恰相反才正确。正是10%制度,而不是100%制度,会周期性地使信用来源干涸。

认为10%制度更容易获得贷款,优于100%制度,这是一个幻觉,可能是因为人们很自然地混淆了几代人积累下来的信用创造和当前的信用创造。

为了举例说明问题,我们可以假设在1929年,货币存款的总量约为250亿美元。假设未偿还的银行贷款也为250亿美元。如果这些贷款期限平均为三个月,并按时全额偿还,那么这250亿美元每年将被贷出和偿还四次,使一年的贷款总额达到1,000亿美元。

但是,考虑到冻结的贷款以及续借会有小幅"缩短",我们最好假设一个小得多的数字,比如500亿美元。为了提供正常的扩张,我们可以假设,虽然每年有500亿美元的新贷款,但旧贷款的偿

第十章 商业和银行业中不合理的观点

还额只有490亿美元,所以每年的正常增长是10亿美元。在这幅250亿美元的总量图中,每年增加500亿美元的总额,而净增量为10亿美元,我们从而可以明白产生"轻松创造贷款"这一主题的混淆。显然,每年500亿美元贷款的真正来源不可能是10亿美元新创造的货币!除了这个新创造的孤零零的10亿美元(实际上现在还不到10亿美元)之外,还有490亿美元是通过偿还旧贷款的方式流入的。这笔还款现在是主要的信用来源,在100%制度下仍然是主要的信用来源。

更为严重的错误是这样的想法,即无论何时,现有的250亿美元信用都是新贷款的真正来源,只不过这250亿美元主要是历时数代由银行每年的增值制造的。可以看出,在100%制度下,这些累积都不会丢失。所有这些都将由货币委员会接管和结转,并予以保留;但在10%制度下,从1929年到1933年(四年),这250亿美元实际上减少了近100亿美元,或减少到150亿美元。如果1929年采用100%制度,商人将在1933年拥有250亿美元且不受损害。如果货币委员会发现只有250亿美元的话,价格水平会下降,或者美元会升值,它就可以通过为这250亿美元每年增加10亿美元来防止这种情况的发生。因此,在1933年,在100%制度下,我们会有300亿美元,而不是150亿美元!

如果我们处于泡沫时期,我们会发现信用扩张过度。两种情况下不论哪种,10%制度均显示不利。它要么太容易创造信用,要么就太迅猛地关闭信用;要么使流通膨胀,要么使流通收缩,导致泡沫或萧条。

每年约有500亿美元新贷款又如何呢?对于成千上万的私人

银行，我们如何确保将清偿490亿美元或发放500亿美元新贷款？显然，新贷款可能很容易为520亿美元，或者清偿可能为470亿美元，或两者皆有，例如将信用增加50亿美元，而不是增加10亿美元，或者可能发生相反的变化。

"好吧，"反对者说，"正常时期怎么样呢？"答案是，在10%制度下，正常时期很少存在。价格水平的持续波动证明了这一点。我们现在可以追踪我们的指数超过一个半世纪，只有一个长达七年的明显稳定期。

"但是，"我们的反对者说，"1933年的150亿美元是10%制度的净产品。"是的，不过很小！这就像一艘远洋轮船整天超速行驶，结果就是出现故障，它不得不在接下来的两天停下来修理。如果没有像1837年、1873年、1920年和1929年那样的大泡沫，也不会有随后的大萧条，1933年的贷款就不会只有150亿美元。它们本来会更多。我们只能猜测更多是多少。

"但是，"我们10%制度的支持者说，"在10%制度下肯定存在某些情况，使个人（在正常时期——既没有泡沫也没有萧条）可以获得比在100%制度下更好的贷款服务，因为在100%制度下，银行将限于仅贷出已经存在且可用于借贷目的的货币。如果没有这些限制，肯定存在某些时候，银行家通过创造自己贷出的货币，本可以提供真正的服务。"

如果这种观点有丝毫道理，那就是在10%制度的个别情况下（碰巧没有出现过度扩张信用或过度限制信用的趋势时），发放贷款的时间可能比100%制度下要快一两天。但在100%制度下无法创造货币，这并不正确。如我们所见，它可以由货币委员会创造。在

10%制度下,银行经常会无力通融,而在100%制度下,银行总是可以通融。

将存款与企业债务捆绑的观点

内战给了我们一种"以债券来担保的"国民银行券货币。为了发行银行券,银行必须持有等值的美国政府债券。因此,这些银行券随着政府债务的扩大或缩小而相应地扩大或缩小。结果,随着我们的国债逐渐得到偿还,这种货币的数量逐渐减少,完全不考虑国家对货币的需要。直到今天,我们的国民银行券货币仍然与某些形式的政府债务捆绑在一起。

这样的捆绑是没有逻辑的。政府应该能够偿还债务,而不破坏性地收缩该国的银行券货币。

几年前,商界人士意识到,将政府债务与银行券捆绑在一起是荒谬的;但是,即使在今天,他们中很少有人认识到,就他们自己的债务和银行存款而言,这种商业现象也具有类似的荒谬性。

一般商人倾向于认为:"就算政府债务不应该产生货币,企业债务也应该可以这样,因为这样的债务可以扩大业务,而更大的业务需要更大的流通量。商业贷款尤其如此。这些贷款在购买商品时贷出,在出售商品时偿还。债务与业务相对应。它们有助于创造一种弹性货币,在业务扩展时扩展,在业务收缩时收缩。"

100%制度加上货币委员会,能够按照国家需求成比例地扩张和收缩货币——这正是稳定价格水平的含义。而在10%制度下,商业扩张与债务扩张并不成比例,两者的收缩也不成比例。泡沫和萧条的情况恰好相反。的的确确，随着商业的扩张和收缩，货币也应该会扩张和收缩。这是本书的主要关切。但我们需要的是一种货币与商业的更真实的匹配，而不是债务与存款的捆绑带给我们的后果。商业贷款的扩张通常会导致支票货币的扩张速度快于商业，这通常表现在价格和利润的上涨上。而这类贷款的清偿通常会导致支票货币比商业紧缩得更快，因此价格水平和利润通常会下降。

178　　就联邦储备券来说，正是货币与债务之间的错误捆绑，破坏了联邦储备体系的"弹性货币"梦。同样，货币和债务之间的错误捆绑也阻碍了从萧条中复苏。

人们希望商业先扩张，随后货币扩张，然而在萧条时期，商业需要和货币一起扩张，在目前的制度下，只有通过借债才能获得资金，而很少有商人愿意这样做。

这种商业扩张等待货币扩张，而货币扩张被迫等待商业扩张（来产生债务扩张）的情况，会导致僵局。政府可能会通过自身负债来寻求打破这一僵局。但执迷于商业扩张必须放在首位这一理念的商人，并不十分欢迎政府来拯救自己，因为他看到的不过是由此产生的更高税收。他认为，且不说正确与适当，存贷款捆绑一定程度上是自然而不可避免的，他必须泰然接受一切后果，作为上帝对他先前欠债过多这一假想罪过而施加的惩罚，就像东方人承受瘟疫或霍乱一样。但是，真正的诊断和治疗方法将改变所有这种心理。

在 100% 准备金和货币管理制度下，我们实际上可以让商业债务自己照顾自己。

179　　无论商业债务是否增加，无论增加是在恢复之前还是之后，流通媒介数量的按需增加总是可以充分提供的。这意味着更多的购买，更多的购买意味着对于劳动力的更多购买，或者更少的失业。一种影响是增加贸易，另一种影响是提高价格水平——这两者都意味着复苏。

二十年前的弹性货币梦已经让位于今天的弹性信用梦，两者同样是虚幻的。把弹性留给数千家独立银行的整个想法是愚蠢的。一个短期的商业交易需要更多的信用，并应允许当地银行创造这种信用，然后当交易结束时将其销毁，这听起来不错。断言唯一的滥用是"投机"，并且应该"以某种方式"加以制止，这听起来也很有道理。但是，只要我们把调整工作交给个别银行，我们就不可能完成这样的计划。此外，这个计划本身是有缺陷的；因为投机不可能也不应该完全被消除。

此外，只要我们还保留着由成千上万的个人银行借贷或拒绝借贷的10%制度，我们就会在全国范围内时而过度放贷，时而放贷不足。而在100%制度下，真正的调整将是容易的，对个人借款人没有任何实质性的困难。如果他的信用良好，他就能比现在更有把握地得到所需的贷款。所述的机制是可行的，且免于当前制度经常崩溃之苦。

商业扩张必然提高价格的观点

货币与债务之间的捆绑解释了一个非常普遍的概念，即商业扩张会自发提高价格水平，而商业收缩往往会降低价格水平。如今，许多商人认为商业与价格水平之间的这种对应关系是不言自明的，大概是因为他们习惯于看到生意兴隆与价格上涨相联系。但是，如果流通媒介的数量不变,那么商业扩张不是倾向于提高价格水平,反而会降低价格水平。相反,商业收缩不是倾向于降低价格水平,而是倾向于提高价格水平。如果我们几代人都拥有这样一个恒定的货币体系,那么商人就会认为这是不言自明的:当交易量大时,价格下跌;而当交易量小时,价格上涨。

许多人已经如此习惯于认为,当商业扩张时,价格水平上涨,而当商业萎缩时,价格水平下跌,这是自然而适当的,以至于对此会感到震惊:有人为了抑制价格水平的这种"非自然"的上涨或下跌,建议通过遏制通货膨胀或通货紧缩来"摆弄货币"。但是,我们应该知道,商业变化引起价格水平变化的主要原因之一是10%制度。这导致银行通过商业债务的方式不断地摆弄我们的货币,从而导致非自然的通货膨胀和非自然的通货紧缩。

因为就像我们已经看到的那样,在10%制度下这是事实:通过增加商业银行贷款使商业扩张,从而增加流通媒介,往往会提高价格水平。而且,一旦价格上涨,利润就会增加,商业就会进一步扩张。这样就形成了商业扩张和价格扩张相互促进的恶性循环——形成"泡沫"。

相反,如果商业萎缩,贷款和价格也会萎缩,从而减少利润和商业规模——再次造成恶性循环,形成"萧条"。

但是,如果取消10%制度,就会切断商业与价格水平之间的不幸关联。

在100%的制度下,结合稳定的货币政策,货币真的被调整以通融商业,随着商业的扩张而扩张,但不会更快——这构成了一种真正的弹性货币。当然,贷款通常会随着商业扩张和收缩,但它们对货币数量连最轻微的影响都没有。在这种制度下，价格水平既不会大幅上涨也不会大幅下跌，而且其上涨或下跌完全不是由贷款造成的。

萧条中货币充裕的观点

在大萧条时期，有两种流行的观点广为传播，许多银行家也虔诚地笃信这两种观点："问题不可能是缺钱，因为公众的钱比以往任何时候都多"，以及"由于银行拥有超额准备金和可以贷出超出人们需要的'货币'，（支票）货币不可能存在任何短缺"。

第一种说法（公众拥有更多的钱）的错误显然在于忽视了支票货币这一主要的流通媒介。

的确，在萧条时期，由于担心 10% 的准备金无法维持下去，公众通过从银行提现来增加他们的零用货币。但是，每增加 1 美元的零用货币，就得销毁 10 美元的支票货币。

第二种说法（银行拥有更多的钱）的错误在于忽视了这样一个事实，即这些"更多的钱"只意味着相对于存款的超额准备金。银行准备金不流通。它不是有效的货币。

如第一章所述，在 1929—1935 年的大萧条时期，人们争夺现金，这增加了 10 亿美元的零用货币，但减少了 80 亿美元的支票货币。通过减少这些存款，相对于支票支配的存款而言，银行的准备金有所增加。

如果使支票货币和零用货币可以互换，就像它们在 100% 制度下那样，这种错误以及在零用货币、支票货币和银行准备金这些概念之间的来回闪躲就不会继续存在。

把货币和可贷货币混为一谈

那些不认为大萧条的症结通常是缺乏货币的人会陷入另一个谬论。他们混淆了货币的丰富性或稀缺性与可贷货币的丰富性或稀缺性。货币（无论我们如何衡量）在任何时候都不是全部可用于贷款市场的。有些将用于生活费用，有些则用于各种杂项投资。只有一部分资金可供贷出——可贷资金。

在萧条时期，借款失败根本不是因为人们已经有了太多的流通媒介，而是因为他们已经有了太多的债务。

通常，贷款应该仅仅是一个人向另一个人借钱，并且在一个人身上增加的钱应该从另一个人身上减去。将钱从我们中间的一个人转移到另一个人，不应该改变我们所有人的金钱数量。所谓的"货币市场"应该仅仅是琼斯贷款给史密斯的市场，而不是琼斯和史密斯的流通媒介的来源。本质上，贷款与将货币或多或少投入流通无关。

货币的真正充裕或短缺从未在贷款市场上显示。它通过物价指数显示。如果价格上涨，就意味着货币充裕。如果价格下跌，就意味着货币短缺。

很明显，货币可能自相矛盾地在"货币市场"（即贷款市场）上没销路，并被称为"便宜"（即以低利率获得），而实际上，货币是稀缺的，因此相对于商品而言是昂贵的，即每一美元具有很高的购买力，如指数所示。

关于通货再膨胀的观点

尽管已有各种各样流行的混乱思想,但对于萧条时期需要更多活期存款形式的货币,人们有时确实会有一种不完全的认识。许多人对"货币"(实际手头持有的或零用货币)的任何增加都感到不寒而栗,但他们仍然希望拥有前财政部长奥格登·L. 米尔斯(Ogden L. Mills)所说的"受控信用扩张",即支票货币的扩张。在他们看来,增加零用货币是错误的,而增加支票货币是正确的。

我们有时会发现,同样的人显然出于两个截然相反的原因反对通货膨胀:

(1)因为它会引起物价"像德国那样"的大幅上涨;

(2)因为"这将是徒劳的",也就是说,因为新货币只会被吸引到银行,堆积成闲置准备金。

也就是说,他们反对,既因为它会提高价格,也因为它不能提高价格!

货币管理应交给银行的观点

但是,对存款膨胀没有反对意见而对通货膨胀强烈反对的主要原因,可能既不是通货膨胀会提高价格,也不是它不能提高价格。主要原因可能是银行家自身的金融利益。也就是说,银行家和具有银行家心理的更大群体非常害怕政府的通货膨胀,但并不害怕银行家的存款膨胀。

显然，反对"干预货币"的公众舆论得以增强的动机是担心政府可能进入银行业务。关于严格的银行职能，笔者同意银行家们的看法，即政府应被排除在外。但是，货币控制并不适合作为一项银行职能。在 100% 计划下，货币控制与稳定的货币政策相结合，不会交给无组织、不负责任的银行——每家银行都是一个小型私人铸币厂——去管理。

"黄金是最好的本位"的观点

还有一些保守人士认为，黄金的固定重量就是黄金的固定价值。本着这种简单的信念，他们会让我们坚持金本位制，因为它应该是"自动的"。迄今为止，我们在调整我们的标准尺度，使其在标准局中的玻璃瓶内保持恒温时遇到了很多麻烦——为了保持它的恒定，我们总是对它"修修补补"。如果我们想要拥有一个健全而稳定的美元，我们就必须一直对美元进行"修补"——但要以一种有目的的方式，而不是像现在这么多银行独立地进行修补那种随机方式。因为，即使是金本位也不是真正自动的，而是需要央行的积极管理来维持赎回。

关于赎回的观点

在原来的金本位制下，所有的货币，无论是黄金还是纸币，都应该从作为商品的黄金中获得价值。黄金（无论是作为商品还是货币）与所有其他货币之间的平价本应由它们的互换性来维持——你可以把金币熔化，或者把纸币或支票货币换成金币，然后把金币熔化，变成商品黄金，就像印第安妇女可以将贝壳串珠货币转换为贝壳串珠作为装饰品一样。在原始时代，这种可兑换成金锭的做法确实有其意义；只要黄金是我们流通媒介的重要组成部分，它就仍然具有某种重要性；但这种可兑换性在今天只对黄金的进口商或出口商，或偶尔对珠宝商或金匠有用。除此之外，今天这样的熔化和转换就相对不重要了。黄金赎回的合法需求少之又少，而且根据现行法律[①]很容易通过酌情赎回（discretionary redemption）来满足。此外，即使出于这样的合法目的，可兑换性也没有并从来没有像价值稳定那样重要。到目前为止，可兑换性曾经有过的用途就是防止过量发行和通货膨胀。

超过99%的人对黄金赎回不感兴趣，除非像1933年那样，这种赎回通过贮藏造成了损害。对数百万人来说，每天都至关重要的唯一一种赎回方式，就是把支票货币兑换成零用货币。这些人想知道他们在特定银行的特定支票和所有人的零用货币一样好。

在现代，无差别地赎回黄金的权利已造成损害，因为仅有如此少的黄金可用于赎回如此大量的其他货币，包括支票货币，更不用说用黄金支付债券的承诺了。

情况变得荒谬可笑。当黄金准备金遭到"突袭"（raid）时，银行为了满足公众对黄金的需求，不得不从公众手中获取黄金；这种黄金需求的结果是大大增加了黄金的价值。

在用黄金赎回纸币的无限责任的意义上，金本位破坏稳定的影

[①] 1934年1月30日之法律（指《黄金储备法》。——译者）。

响类似于10%制度下,用零用货币赎回支票货币的无限责任。我们有一个倒金字塔在另一个倒金字塔的下面,底部有一个黄金的小基点。

但是,黄金赎回义务的最大危险来自国际需求。在国内,人们接受甚至喜欢纸币。只要我们有一个一美元代表固定重量黄金的金本位,这种国际危险就非常真实,就像英格兰银行在1931年所遭受的"突袭"一样。

黄金和纸币谁更稳定

价值的稳定性今后不能在黄金的可兑换性中寻求,因为黄金是非常不稳定的,而这种无限的黄金可兑换性只会使它更加不稳定。我们必须按照明确规定的规则来管理我们的货币,以寻求价值的稳定。

1929—1935年大萧条的最好副产品之一,是商人对金本位稳定性的幻想破灭了。芝加哥大学关于100%原则的备忘录对此事做了如下很好的说明:

"金本位一直是一个一帆风顺时才能存在的制度,只有在可兑换性对任何人都不重要的情况下,金本位才能顺利运行。它在任何地方都很难在一场严重的战争中幸存;大多数国家在面临压力时,不管是战争还是萧条,都会毫不犹豫地放弃它。"

以同样的基调,哥伦比亚大学考察团最近的一份重要报告指出:[①]

[①] *Economic Reconstruction,* Report of the Columbia University Commission; Robert M. MacIver, Chairman. Columbia University Press, New York, 1934, pp. 40-41.

第十章 商业和银行业中不合理的观点

"纸币本位是不可控的,这是完全谬误的观念。奇怪的是,鉴于过去几年中发行纸币的经验,货币当局仍会发表这样的声明。在英国脱离黄金的时期,从1797年到1821年,从1914年到1925年,再到1931年以来,纸币从未因通货膨胀过度而被滥用。实际上,就其内部购买力而言,纸币在过去两年中显得比黄金更稳定,尽管当时存在着严重的困难,这些困难极度诱惑各国政府放纵通胀性财政。在1931年9月至1933年银行业恐慌期间,不稳定的货币不是英镑、加元、斯堪的纳维亚各国货币等,而是美元、法郎、马克和其他黄金货币。'英镑区'的纸币保持了相当稳定的购买力(在那些希望看到有意采取扩张性政策来纠正以前的通缩价格趋势的人看来,总体上太稳定了),而黄金却经历了惊人的升值。"

我们再次注意到银行施加的心理影响,据此公众被误导认为政府发行的货币肯定会被滥用,而政府应该对货币什么都不做,除了一劳永逸指定黄金美元的重量和纯度。

有趣的是,最近公共媒体报道,在罗斯福先生和美国银行家协会的一次碰面时,纽约市第一国民银行行长杰克逊·E.雷诺兹(Jackson E. Reynolds)先生"曾询问,美国声明美元目前的黄金含量永远不会改变,就世界各国货币而言这是自缚双手,美国是否承受得起"。这种态度代表了商业和银行业思想的巨大进步。

也许,世界大战后最重大的货币事件将是放弃固定重量的黄金作为价值标准,而代之以一篮子典型商品——一个"市场篮子美元"。货币问题的完全解决办法是各国稳定本国货币的内部价值,所有国家协调确定黄金的价格。长时间后,当有必要改变这个价格时,也协调确定。这样,每个货币单位的国内购买力和汇率都会保持稳定。

在结束讨论黄金赎回是稳定源头这一观念之前,我们可以指出,黄金赎回长期以来不仅是一种迷信,而且在某些情况下是虚幻的,尤其是我们的银元券,它不能(或者至少在1900年含糊不清的法律出台之前不能)兑换成黄金,只能兑换成比银元券本身价值更低的白银(银锭)。

可以提供100%黄金准备金

如果我们真的想要一个成熟的金本位,我们应该有100%的黄金准备金。这可以直接追溯到金匠的时代。从理论上讲,这是可以做到的,而且很容易做到,只要充分"贬值"(即减少重量)黄金美元。正如政府将金价提高到每盎司35美元一样(即将黄金美元从原来1盎司黄金的1/21降低至1/35),理论上,它可以将黄金价格提高至更高的水平,甚至可以是每盎司35美元的十倍(即将黄金美元降低至1盎司黄金的1/350)。当然,实际上,如此巨大而突然的变化是非常不可取的。

这样的话,显然政府金库中的黄金将足以为银行提供100%的准备金,除了黄金的仓储凭证之外,无须使用任何纸张。

但要实现这种全部黄金的100%制度,只能以进一步扰乱外汇市场为代价;还会有其他合理的反对意见。

使用纸币或货币委员会信用的100%制度将与使用黄金的100%制度一样有效,并且麻烦和笨拙程度也将更少,因为如上所述,不记名货币的可兑换性正是我们现代社会所需要的那种可兑换性——而不是可兑换成黄金饰品。价值的最终标准并不取决于一种商品(黄金),而是取决于所有商品,以货币委员会采取行动来稳定的指数表现出来。黄金剩下的唯一货币用途是充当不同国家货币之间的桥梁,以促进国际结算。按照目前那样的做法,根据1934年1月30日的法律,可以通过酌情赎回(偶尔会修改金价)来做到这一点。

低准备金是一种节约的观点

据说,低准备金节约黄金。一位反对100%准备金的银行家说:"谁听说过100%准备金?"当这个熟悉的事实引起他的注意时,他吃了一惊:几代人以来,我们金元券背后一直有100%的准备金。他从来没有反对过这一点,也没有建议过政府应该通过发行更多可以兑换黄金的纸币来"节约"这一"闲置"的准备金,而这是很容易做到的。显然,他想"节约"的只是银行家的准备金。

当然,事实证明,准备金不足是一种非常错误的节约;在好年景里储蓄的那一点点钱,在"冬天来临时"根本就不够用。银行家需要考虑整个银行系统,而不仅仅是他自己的个人行为。

我发现,"准备金不足是一种节约"这种顽固的观念,利用习惯的力量,甚至被应用于100%制度提议的信用准备金中的纸币。为什么甚至需要100%的纸币或信用准备金?难道50%或只要少于100%就不够好吗?在1935年《银行法案》考虑100%提案时,主要是这种想法击败了100%提案。

首先,在这种情况下,不存在"节约"。作为答案这就足够了。

194　如果我们想要完全解决准备金不足的问题，为什么不趁现在就充分补足它们呢？除了微不足道的印刷成本外，它不会花费更多，而且任何低于100%准备金的制度都不可能达到同样的效果。对任何人来说，90%的准备金并不比100%的准备金有优势，同时它至少在机制方面有轻微的缺点。而且，从心理上来说，100%的准备金肯定比任何更少的准备金要好。这是每个人都能理解的唯一准备金；而一旦使用了更少的数字，即使是99%，心理上都会导致人们想要将其进一步减少。100%准备金的地位相当于信托基金，其真正所有者是储户。99%的准备金必须被认为是属于银行的，就像10%的准备金一样。

一位银行家朋友写道："这种风险难道不像火灾或人寿保险那样，基于合理的预期、基于经验，预测所有被保险人不会同时死亡，火灾不会同时在所有建筑物中发生吗？"对于这个问题，有几个非常好的答案。

毫无疑问，这种类比是存在的；如果存在任何真实的准备金不足的节约，它们的保险将根据保险精算或火灾经验类比来计算。

但是，除了个人火灾或银行倒闭的风险外，还有一种"大火风险"，就银行而言，没有类似于再保险的对冲可能。事实是，我那位银行家朋友忽视了真正重要的风险，而这种风险根本不是银行倒
195　闭。如果我们愿意采用其他国家的银行业务方法，特别是分行业务，银行倒闭的风险几乎可以消除。真正重要的风险是商业和就业的波动风险，泡沫和萧条的风险。银行家也许能保全自己；但即使是在英国，他也是通过赢得与公众争夺现金的竞赛来做到这一点的，而这种竞赛伤害了公众的利益。我们已经看到，它可以追溯到

准备金不足制度。

最后,如果我们像上述银行家所建议的那样,将准备金问题提交给经验检验,结果肯定会对现行制度构成致命打击。

我们决不能忘记,重要的不是银行的"安全",而是美元购买力的安全。我们需要最好的防范通货膨胀和通货紧缩的措施,那就是100%制度。

美元永远不变的观点

这就是"货币幻觉",也是货币改革的主要障碍。为什么要稳定那些已经被认为是稳定的东西呢?几乎每个人都认为自己国家的货币价值稳定。他用这种货币衡量每一个价格,但他不知道如何衡量这种货币本身(通过指数),甚至没有考虑过这么做。他只看到其他国家的货币相对他自己国家的货币在改变价值。

"很多年前,当英国处于金本位制而印度仍处于银本位制时,英国的基廷将军与一位印度商人进行交谈。将军提到印度卢比的下跌。印度教徒抬起了眉头:'卢比下跌了吗?我没有听说过。这是为什么?实际上我在印度各地都有代理商,而没有一个人告诉我印度卢比下跌。'然后,经过一会儿的思考,他补充说:'哦,也许你的意思是说英镑升值了!'

"事实上,英国人和印度人都部分正确,因为根据指数,卢比的购买力下降了,也就是说,与商品相比卢比下跌了。英镑的购买力上涨了,也就是说,与商品相比英镑上涨了;但是,两种变化都不是它们之间整个差距的原因。两个人都是货币幻觉的受害者,他们都无法察觉到他自己乘坐的那只船有什么运动。"①

任何商品的价格只由其自身供求决定的观点

"小麦的价格并不是单单由小麦的供求决定的。它部分是由货币的供求决定的。对大多数人来说，货币作为一个价格决定因素是完全被忽视的。这就是人们犯大错误的地方。

"问题在于，我们忘记货币只是因为我们以货币来考虑。如果小麦的价格以货币以外的任何其他形式来表示，我们就不会犯这样的错误。假设小麦的价格是用铜块或银锭表示的。例如，假设1蒲式耳小麦值3盎司白银。如果说以白银计价的小麦价格上涨完全是由于小麦需求增加或小麦供应减少，那就太愚蠢了。这也可能是由于白银的供应增加或对其需求的减少。

"这是显而易见的。当小麦的价格以黄金表示时，这一点同样也应该是显而易见的。1933年，1黄金美元几乎恰好是1盎司黄金的二十分之一；而每蒲式耳小麦的价格是1美元；这不仅是小麦供求的结果，而且还是黄金盎司或黄金美元供求的结果，以及它们的替代物，即纸币美元以及我们在银行中用支票支付的美元供求的结果。

"而且这两种供求关系影响的效果可以被明显地区分。美元的供求决定了一般或平均价格水平，小麦的供求决定了小麦价格水平

---

① *Inflation?* by Irving Fisher, Adelphi Co., 1933, p. 47.

与一般或平均价格水平不一致的程度。当一般价格水平上涨10%，而小麦价格上涨13%时，只有额外的3%是由于小麦的供求关系所造成的。这10%根本不是因为小麦，而是因为货币。

"大多数人仍然认为，1926年以来小麦价格下跌的全部原因是小麦过剩。这不是真的。下跌的主要原因是流通中的美元供应不足。这个原因解释了从100到55的下降——包括小麦在内的一般价格水平的下降。"①

混淆价格与价格水平

单个价格和价格水平不同，就像海浪和海平面不同，其起因也一样不同。一般价格水平随货币膨胀和紧缩而上下波动，就像湖泊的水位随湖内的水量而上升或下降一样。但是，小麦的价格会随其供求关系的变化而上下波动，就像海浪的高度会因为风力而高低变化一样。

总　结

我们看到，有许多模糊和谬误的观点盛行，这阻碍了真正的货币改革。这些观点包括：

(1) 在10%制度下，贷款是由即兴制造贷款货币的权力促成的

---

① "When Inflation is Not Inflation," by Irving Fisher, *Liberty*, Vol. 10, No. 37, September 16, 1933, p. 40.

观点。

(2)活期存款天然地、固有地依赖于银行贷款的观点。

(3)价格水平会随着商业的扩张和收缩天然而固有地上涨和下跌的观点。

(4)当货币真的稀缺时,货币充足的幻觉(反之亦然)。

(5)货币充裕和可贷资金充裕的混淆。

(6)通货膨胀是错误的,而活期存款膨胀可能是正确的观点。

(7)美元价值永远不变的观点。

(8)任何商品的价格仅仅由其自身供求决定的观点。

(9)价格和价格水平的混淆。

(10)政府应将所有的通货膨胀和通货紧缩交给银行家的观点。

(11)黄金是最好本位的观点。

(12)黄金的赎回是必要的观点。

(13)黄金本质上是稳定的,而纸币本质上是不稳定的观点。

(14)增加准备金应该是增加黄金准备金的观点。

(15)低准备金是一种"节约"的观点。

可以列举的混淆或谬误不只有这 15 个。但是只有它们似乎是阻碍 100% 制度实施的重要因素。

第十一章 对政府的意义

100%制度不是政府从事银行业

正如已经指出的那样，100%制度将只涉及货币职能的国有化（现在被银行篡夺），而不是普遍的"银行业国有化"。货币是一种固有的政府职能，通过我们对金、银、镍和铜币的铸造，我们对美国纸币（"绿背"）、银元券和其他形式政府纸币的印刷，以及通过我们关于货币或货币本位的一般法律来部分地执行。

如第一章所述，我们的宪法使货币监管成为国会的特权。本质上，此职能是控制作为价值单位的美元，就像通过美国标准局执行的政府职能一样——控制作为长度单位的码，控制作为电力单位的千瓦。为商业提供交易的计量单位是政府的一项必要职能。为了正确履行这一职能，所有形式的流通媒介都必须处于同一控制之下，包括银行券和活期存款。最初，政府比现在更接近于控制货币。目前的反常现象是逐步出现的，最初是允许银行券，后来（更重要的是）是允许活期存款。今天，重要的"铸币厂"是我们成千上万的支票银行。

不应允许它们继续不受限制地创造和销毁货币。但无须相应地剥夺银行作为贷款人的固有职能。

恰当地说，在 100% 制度下，货币委员会唯一能执行的银行职能是再贴现。正如我们所看到的，即使是这个职能也只在少数情况下才会执行，并且如果根本不被授权执行会更好。如果它被执行，那将只是作为一个安全阀来帮助银行本身，而不是与银行竞争，并且只能在联邦储备银行的动议下进行。

我们还强调，货币委员会收到的任何此类本票，都不得不经过两家银行——一家成员银行和一家联邦储备银行的严格考验，只有这些银行而不是货币委员会——就像现在一样——有责任根据投资是否有利可图来提供或不提供贷款。因此，银行将继续像它们应该的那样，引导资本流向最有前途的投资渠道。如果需要，货币委员会别无选择，[①] 只能再贴现。

货币委员会唯一的自由裁量权是确定要收取的利率；固定该利率仅是为了帮助控制美元购买力，而该利率将公平地强加给所有的联邦储备银行。

100% 制度非但不会国有化银行，反而可能是银行摆脱国有化的唯一出路。因为，如果 10 年后我们会经历另一场大萧条，就像我们刚刚经历过的那场一样，银行可能会发现自己将永远落在政府的手里。对银行来说，更好的做法是优雅地放弃其篡夺的货币铸造职能（以银行券和支票货币的形式），满足于从事严格的银行业务，

[①] 但这显然并不一定需要增加流通媒介；因为货币委员会可以像再贴现即购买本票一样快地出售债券，只要它想这么做。就影响货币数量而言，买一种和卖另一种是相互抵消的。因此，有义务履行其再贴现职能并不影响其控制货币数量的职能。换句话说，联邦储备银行将决定再贴现的金额，而货币委员会将决定流通中的委员会货币的金额。

不受经济泡沫和萧条的干扰——而这很大程度上是它们自己一手造成的。

100%制度将提供双向保护,因为它还将保护政府不受银行的支配。在战争时期或类似的压力下,银行成为政府的债权人,因此可以获得对其政策的不适当控制。华盛顿的一些密切观察人士普遍认为,自美国内战以来,政府受到了银行——被表述为"华尔街"——的太多影响,公众并不知道谁在幕后操纵。[1]

关于美联储

除其他事情外,美联储应该把政府从这样的银行家控制下拯救出来。这是威尔逊总统的愿望。正是因为这个原因,联邦储备券被称为"美国政府的负债"。但实际上,这只是一个表述方式,只不过是对时任国务卿布莱恩先生做出的名义上的让步——为了获得他的支持。这些纸币并没有给美国带来任何好处——相反,它们只是施加了一种或有负债。

目前,实行该计划的结果是,联邦储备银行实际上已经将它们的无息联邦储备券(以及其他联邦储备信用)换成了美国政府债券。实际上需要的是换回来。

人们通常认为,联邦储备体系应该执行货币职能并稳定美元。但是,就这一职能而言,联邦储备体系在组织、人员、倾向和传统

---

[1] 信奉100%原则的索迪教授在下面这本书中,猛烈抨击"作为统治者的银行家": *Wealth, Virtual Wealth and Debt*, Dutton, New York, 1926, p. 163。

方面都不适合。此外，它还有其他的重要职能要履行，尤其是再贴现，这些其他职能经常与稳定职能相冲突。美联储不能像斯特朗行长努力实现稳定时那样，在不时得罪其主人——成员银行的情况下实现稳定。而在 10% 制度下，它开展直接的银行业务（即主要是为了利润）来适应银行家，有时却会无意间引发通货膨胀或通货紧缩，从而对国家造成伤害。最终，开展银行业务以及同时稳定价格水平的努力惨败。它们导致体系内部的动荡、不确定、混乱和分歧。它们就像在试图服务两个主人。

即使是斯特朗行长来掌舵，完全和永久避免大萧条的最好方法（没有这样一个行长时的唯一方法）也是让政府解除联邦储备体系不受欢迎的稳定美元的义务——迄今为止一直在很大程度上逃避和从未合法地赋予它。

货币委员会就像最高法院

货币委员会应该像最高法院那样独立，这样虽然它有银行业务和美国国库业务，我们美元的购买力也能保持稳定。雷明顿·兰德公司总裁小詹姆斯·H. 兰德（James H. Rand, Jr）先生在支持范德利普（Vanderlip）先生的《货币当局法案》时，说得很好：

"任何政府都不应允许任何一个团体或阶层拥有那种对政府自身信用的强制权力，像私有的联邦储备体系今天所拥有的那样。

"任何政府都不应将对货币购买力的控制权委托给私人利益。

"这个问题必须面对和解决。在私人和政府对货币的控制权冲突结束之前，不可能完全恢复信心。"

对国债的影响

如前所述,在用 100% 的现金支持银行存款的过程中,货币委员会可以而且应该集中购买政府债券。如果购买了任何其他证券,如公司债券,则应逐步处理掉,并尽可能替换成政府债券。通过持有自己的债券(以货币委员会的名义持有),政府将因此减少债务。

最终(除非被世界大战这样的灾难阻止),政府债务可能会完全消除。在债券到期日之前不进行任何形式上的销毁,即可达到这样的结果。事实上,如果美国政府的所有未偿债务都会到货币委员会手中,则最简单的办法就是由货币委员会完整地持有这些债务直至到期。在债券的"生命周期"内,保持这些债券的实物存在,将为货币委员会提供易于出售的证券,以备受到通胀威胁时使用。与此同时,货币委员会将像所有其他债券持有人一样,从美国财政部收到债券的利息,然后这些利息将转回美国财政部。或者更确切地说,相反的两种付款方式将是彼此的簿记抵销。这不仅适用于利息,也适用于本金。

还清政府债务后,会发生什么?

如果将来有一天,整个国家的债务都还清了,那又会怎么样呢?此后,为了抵消新的通货紧缩,货币委员会是否有义务为了使新的委员会货币流通而获得私人公司债券或其他财产,身不由己地成为美国的私人财富增加份额的所有者?绝对不会。为了方法和会计上的一致，更简单的做法是，由货币委员会购买新发行的政府债券或其他政府债务，财政部和货币委员会之间的利息相互抵销。①

有了这样的政策，货币委员会购买非政府证券的问题可能多年都不会出现——如果有过的话。

最后，至少可以想象，在繁荣不会被任何或许多大萧条打断的情况下，政府的主要收入最终将来自货币委员会，这仅仅是由于该委员会在商业增长时将新货币投入流通，以防止通货紧缩。

如果这种财富的尴尬局面真的出现，那么政府将如何处理货币委员会不断增加的资金流，不该是我们此时太关心的问题。如果需要的话，这笔钱可以用来减少税收，而且，如果我们希望想象一个极端的结果，还可以适时废除所有的联邦税收。

假设达到了这一目标，超出这一点时，任何进一步的盈余可以用于（如果需要）一个真正的"社会红利"，正如某些学者从另一个角度研究这个问题所提出的。也就是说，货币将由民众提供给民众，以满足不断增长的商业需要，并防止这种增长会导致的价格水平下降这种副作用。

虽然这种美好的前景可能永远不会实现，但它在这里不是作为一种预测提出，而是出于两个目的：

（1）为了表明100%制度可以无限期地持续下去。

（2）表明它不依赖于政府巨额债务的持续存在，也不需要改变常规或在货币委员会手中积累私人证券。

---

① 这些债券或其他债务可以按照财政部的常规程序发行，之后货币委员会按照常规程序得到它们。届时，财政部从公众手中得到的购买款项，是公众用既存货币支付的，但货币委员会将发行新货币用于从公众手中购买债券。

第十一章 对政府的意义

简而言之,我们的联邦财政以及包括银行在内的所有商业的利润都将反映出持续的繁荣,而不被泡沫和萧条打断。尽管有萧条,但如果现在银行通过创造货币(如联邦储备券和活期存款)并将其投资于债券、本票等来实现繁荣,那么在没有萧条的情况下,货币委员会手中的同样特权应该会使政府更加繁荣。

从某种意义上说,政府财政状况所显示的改善仅仅是政府提供的极为重要的服务的报酬,这个服务就是管理货币,或为商业提供最基本的计量单位——稳定的美元。

这个工作量太大吗?

但是,这个新提议的货币最高法院的任务会不会太艰巨了?有任何一个人或一群人可以被信任来从事这项工作吗?

令人信服的答案是:瑞典已经稳定下来,[①] 为什么美国就不能呢?事实上,在斯特朗行长的领导下(当他活着,并能够引导联邦储备体系的同事在公开市场操作和再贴现率调整中进行合作时),美国大宗商品批发价格水平保持了之前和之后都未有的稳定。

操　纵

似乎也没有任何理由担心,在规定的标准和方法下,稳定任务

[①] 参见 Kjellstrom, *Managed Money, The Experience of Sweden*, New York, Columbia University Press, 1934。也可参见 Irving Fisher, *Stable Money, a History of the Movement*, NewYork, Adelphi Co., 1934。

会通过偏离官方指数数字或通过操纵其构成被规避。就我所知，无论是最近在罗特行长领导下的瑞典，还是十年前在斯特朗行长领导下的美国，甚至更早，只要我们能找到部分类似的案例来研究，记录在案的经验都不支持这种担心。

15年前我在《稳定美元》一书中（第244—246页）讨论过这个问题。我提到了这样一个部分类似的案例（这是我所见过的唯一一个与之相类似的例子），我是这样说的：

"如果操纵价格完全是意料之中的事，那么我们应该期待在已经提到的苏格兰法定粮价中发现更多的操纵因素。在这种情况下，货币租金是由小麦（'谷物'）的价格决定的。毫无疑问，对不公平的抱怨已经出现，但不纠正货币租金被认为是更不公平的。我仔细查阅了我在耶鲁大学图书馆发现的涉及一项抱怨的记录。[①]这一抱怨只是说，陪审团并非完全公正无私，也没有得到充分的证据。这个制度本身没有争议。

"如果这种制度非常不能令人满意，它也不会延续两个多世纪。

"应该进一步强调的是，无论目前苏格兰谷物集市价格被滥用的危险有多么轻微，这里提出的计划几乎可以无限地减少这种危险；因为在这个计划中，我们关注的是大城市的大型公共市场，那里有着高度标准化的商品分级和标准价格报价，而不是小型原生态

[①] 见"Report of a Committee of the Commissioners of Supply for Lanarkshire; Appointed to enquire into the procedure by which the Fiars of Grain for that country were struck, for the year 1816; together with such investigation of its principles and some suggestions for its improvement", Edinburgh, 1817. 记录于Tract 579, Yale University Library。

第十一章 对政府的意义

乡村市场，因为我们必须处理大量的商品，而不是只有一种商品。不可想象，任何邪恶的影响，为了帮助债务人或债权人，能够操纵足够数量的商品以明显地影响指数。即使有人能够'垄断'一个市场，使一种商品的价格翻倍，也不会使一般价格水平提高百分之一。实现这一成就都是不可能的，垄断或控制一百种商品则更是不可想象的。进一步，假设有可能对大宗商品实施这样的控制，我们现在面临的黄金垄断的危险，比我们可能面临的其他数百种大宗商品垄断的危险更大！

"同样的道理也适用于任何误报价格的假想危险。当然，任何严重的报价错误，比如把真实数字翻倍，都是不可能的，而对那些想要捣乱的人来说，再少一些也没用。如果有人想在不被发现的情况下尽量改变某些报价（这只会是一两个百分点），结果影响平均值不会超过百分之一的一小部分，同样将不值得一试。"

把其他所有的法定计量单位委托给标准局的几个人，我们没有发现什么丑闻，尽管大量合同的签订依赖这些计量单位。

战争经验表明，数以百万计的工资和其他协议都是基于官方指数，没有任何问题。

一种新的同时防止通货膨胀和通货紧缩的保障措施，来自把拟议的制度真的制定成法律，它从银行家手中并尽可能从财政部手中夺走通货膨胀或通货紧缩的权力，作为替代，赋予一个中央权力机构通过买卖债券来调节货币数量的权力，并始终根据精准的计算。如果该机构在任期间有渎职行为，可以对其进行弹劾。实际上，自从本书第一版出版以来，1935年《银行法》已经使公开市场委员会几乎成了这种中央机构。

最后，为了那些反对"管理"货币并想象我们仍然拥有"自动"货币的人的利益，应该强调指出，我们早已不再拥有任何"自动"体系。甚至在 1935 年《银行法》颁布之前，我们的体系就已经拥有充分的自由裁量权。实际上，这种自由裁量权伴随着我们的 10% 存款银行体系而来，并适用于大多数国家（当然包括我们国家）的中央银行。现在的问题根本不是我们将拥有自动（非管理）货币还是自由裁量（管理）货币。问题是，我们是选择不负责任的管理还是负责任的具有明确稳定目标的管理。新法律的主要缺点是缺乏这样的目标。

"华尔街"管理

显然，由于我们几乎无法避免[①]某种管理，因此我们应该更加信任一种受法律限制的负责任的管理，而不是不受限制的不负责任的管理，在后者之下我们在两个方向上都会有过分之举，甚至超出了我们对腐败式管理的预期。我们能否想象在 100% 制度下的腐败式管理故意将 1896—1920 年的批发价格水平从 47 升高到 167，然后在 1933 年将其降低到 55？这是在 10% 制度下所发生的。

我不是那种把巨大的险恶动机归之于金融界的人，也不是那种认为"华尔街"故意制造恐慌和危机，以便从自己国家的毁灭中获利的人。真正的大麻烦是，目前的制度是混乱的，是暴民统治，是

---

① 如前所述，如果我们一定要避免自由裁量管理，100% 制度（没有任何货币委员会，但流通媒介数量固定）提供了迄今为止能够建议的最佳方式。

没有地图和指南针的随机驾驶。当然，任何有明确目标的管理都会更好。顺便说一句，这样的管理将使"华尔街"免于声誉不佳，现在，每当我们摇摇欲坠的准备金体系导致巨大混乱时，华尔街就会背上坏名声。

不管10%制度的问题应仅由制度本身（如前面主张的那样）还是由现在运作该制度的银行家（据称是无知、漠不关心甚至是心怀恶意的坏人）来负责，我们肯定必须谴责这样一种观念，即银行家因为进行货币交易而有控制货币的任何权利——制造和销毁货币，从而降低或提高我国货币单位的价值。这样的想法从表面上看就是荒谬的——远比股票经纪人有权兑水股票或棉花经纪人有权毁掉一半的收成，或任何其他商业阶层应该控制其交易的商品的想法要荒谬得多。国家的货币标准就像其他度量标准，同样是公共事务。即使在不知情的情况下，银行家也不能正当地被允许篡改作为商业尺度的美元，就像古老的汉萨同盟不能正当地篡改他们在贸易活动中使用的重量和长度单位一样。

不是万灵丹

尽管100%制度有助于减少商业波动，但它并不是解决所有商业波动的万灵丹。甚至包括货币委员会的预备措施在内，也不能保证贷款银行和储蓄银行将完全免于挤兑和倒闭，投资机构、房屋和贷款协会、保险公司、商业机构、铁路或除支票银行以外的任何其他个人或公司也都不能免于挤兑和倒闭。

此外，100%制度也不能作为解决国家所有弊病的灵丹妙药。

它不能解决所有的劳动力问题、垄断问题、财富分配问题，也不会解决许多其他问题。但它将消除可能是迄今为止产生最多问题——破产、失业和贸易萧条——的根源。

重要的是，100%制度将使研究所有这些其他问题变得更容易，这些问题由于货币问题的解决而简化，而货币问题现在像迷雾一样笼罩在它们头上。现在看来暗淡而不确定的事，这样就会明朗了。由于公众无法正确区分什么是货币问题，什么不是货币问题，把他们当前的麻烦归咎于错误的原因，这使得国会仓促通过了许多令人怀疑的立法。公众看到了一个崩溃的货币制度的影响，但没有对其追根溯源。他们发现未售出的货物，便认为这一定是由于"生产过剩"。因此，他们害怕"修补货币"，反而修补其他一切。

一旦我们有了一个良好的货币制度，我们就能更有把握地确定还需要修补什么。因此，能够看得更清楚，并诊断得更正确，这将对所有寻找和应用有效补救措施的努力提供有力的帮助。这些补救措施可能包括：对储蓄银行的保障措施，安全问题的法规，公共事业、工时、最低工资、公司工会的立法，技术性失业以及无数其他弊病的补救措施，其中包括两个最大的问题，重大的财富分配问题和更为重大的政治权力分配问题。

在这种情况下，迟迟不纠正10%制度的弊端是危险的。除了通货紧缩的危险，我们可能很快就会开始担心从我们注定失败的10%制度中产生通货膨胀的危险。美国财政部拥有近30亿美元"闲置的"黄金，成员银行存入联邦储备银行有近20亿美元的超额准备金，另外还有可能发行30亿美元的联邦储备券，以及约20亿美元的银元券——不用说增加购买的黄金和白银。从理论上讲，我们可能有一个潜在的数十亿美元的银行信用膨胀。

资本主义制度

在萧条时期，有很多关于资本主义制度失败的讨论。"向左转"运动总是伴随着通货紧缩。它在这个国家表现为"民粹主义"，表现在 1896 年结束的通货紧缩和布赖恩的竞选活动中。但一旦价格水平开始恢复，民粹主义就消失了。

实际上，只要一个不稳定的货币单位走得足够远，无论是向上还是向下运动，通货紧缩还是通货膨胀，就都会产生激进主义。法国人有句格言："印刷机后面就是断头台。"

资本主义制度实际上是私人利润制度，利润是总收入和总成本（包括与债务相关的固定费用）之间的差额。如果没有一个稳定的单位来衡量这些项目，利润就会莫名其妙地扩大或缩小，或变成亏损。简而言之，私人利润制度需要稳定的货币才能顺畅运转。

我坚信，如果没有稳定的货币，私人利润制度有一天将会消失。这意味着，只要银行家坚持或被允许经营 10% 制度，他们就会玩火自焚。防止资本主义制度倾覆的最佳保障措施是将 100% 制度与货币管理相结合，以使我们获得稳定的美元。因此，在所有人中，银行家应该支持这一提议，哪怕只是出于自卫。否则，他们也许有一天会由于命运的讽刺而成为颠覆资本主义的人。

这就是 100% 制度对政府的首要意义。如果我们的政府体系要保持美国特色，即允许继续保持私人利润和个人企业，而不被国家社会主义取代，我们就必须拥有稳定的美元；这就是 100% 制度要达到的目标，尤其是与货币管理相结合时。

在100%计划下，稳定美元本身并不是社会主义性质的，它也不倾向于社会主义。它只是对美元做对码、蒲式耳和其他商业中使用的单位已经做了的事情，就像一个半世纪前我们的宪法所规定的那样。商业、工业、农业和银行业需要稳定的计量单位，除了政府没有人有可能提供它们。

稳定的货币将使资本主义比以往更成功地运转。这意味着，未来资本主义可能需要的任何修正，都将远远少于那些只要货币问题仍未解决就会威胁到资本主义的修正。目前，我们的货币制度已经崩溃，主要原因是它在两万个私人铸币厂的暴民统治下无法运转。

重建我们的货币制度，重新创造缺失的货币，并在此后将其维持在规定的正常水平，是政府能为商业提供的最大服务，也是最合法的服务。它不仅仅是合理的。它是必不可少的。

附录一

参 考 文 献

(原书参考文献按年份排序,译本出于今日学术惯例按作者姓氏的首字母排序,同时补充原书未列入的脚注中的参考书目。——译者)

Angell, James W., "The 100 Per Cent Reserve Plan," *Quarterly Journal of Economics*, Vol. L, No.1, November, 1935, pp. 1–35.

Currie, Laughlin, *The Supply and Control of Money in the United States*, Harvard Economic Studies Cambridge, Harvard University Press, 1934, 199 pp.

Coogan, Gertrude M., *Money Creators*, Sound Money Press, Chicago, 1935, 344 pp.

Dunbar, Charles F., *The Theory and History of Banking*, New York (Putnam), 1901, p. 103.

(Editorial), *Report of a Committee of the Commissioners of Supply for Lanarkshire*, Edinburgh, 1817. Recorded in Tract 579, Yale University Library.

(Editorial), *Glass-Steagall Permanent Banking Law*, being No. 66 of the 73rd Congress, 1933.

(Editorial), "100 Per Cent. Liquid," *The Wall Street Journal*, September 20, 1934.

(Editorial), "Professor Fisher's Funny Story," *American Banker*, October 18, 1934.

(Editorial), *the Banking Act of 1935*.

Fisher, Irving, *The Purchasing Power of Money*, New York (Macmillan), 1911.

——"A Compensated Dollar," *Quarterly Joumal of Economics*, February 1913, pp. 213-235.

——*Stabilizing the Dollar*, New York, Macmillan Co., 1920, Appendices, pp. 285-397.

——*The Theory of Interest*, New York, Macmillan Co., 1930.

——*Booms and Depressions*, New York, Adelphi Co., 1932.

——"When Inflation is Not Inflation," *Liberty*, Vol. 10, No.37, September 16, 1933, p.40.

——*Inflation?*, Adelphi Co., 1933, p.47.

——*Stamp Scrip*, New York, Adelphi Co., 1933.

——"The Debt Deflation Theory of Great Depressions," *Econometrica*, Vol. I, No. 4, October 1933.

——"Are Booms and Depressions Transmitted Internationally Through Monetary Standards?" *XXII Session de l'Institut International de Statistique*, London, 1934 (reprints, 460 Prospect Street, New Haven, Conn).

——*Stable Money, A History of the Movement*, Adelphi Co., 1934.

——"100% Liquidity," *The Wall Street Journal*, October 9, 1934.

——"Monetary Cure for Depression," *The Controller* (published by Controllers Institute of America), October, 1934, Vol. II, No. 11, pp. 155-159, 168.

——"The '100% System' of Bank Credit," *American Banker*, December 7, 1934.

Geyer, Philip Josef, *Theorie und Praxis des Zettelbankwesens*, 2nd ed., Munich, 1874, p. 227.

Graham, M. K., *An Essay on Gold Showing Its Defects as a Standard of Value*, Texas, Hargreaves Printing Co., Dallas, Texas, 1925.

——*Continuous Prosperity*, Parthenon Press, Nashville, 1932.

Gregory, W. L., "Pay Your Debt Mr. Banker," *Mid-Continent Banker*, St. Louis, February, 1935, pp. 12, 13, 24.

Hayek, Friedrich A., *Preise und Produktion*, Vienna, Julius Springer, 1931, 124 pp.

Hemphill, Robert H., "Coming Changes in Money and Banking," *The Magazine of Wall Street*, November 10, 1934, pp. 66-68, 108-9.

Hart, Albert G., "The 'Chicago Plan' of Banking Reform," with comments by Mr. Walker and editorial note, *Review of Economic Studies*, London, February, 1935.

Joplin, Thomas, *Outlines of a System of Political Economy... to suggest a plan for the Management of the Currency*, London, 1823. (See p. 62 and pp. 198ff.)

——*Analysis and History of the Currency Question*, London, 1832. (See p.101.)

Kjellstrom, Eric T. H., *Managed Money, The Experience of Sweden*, New York, Columbia University Press, 1934.

Lester, Richard A., "Check-Book Inflation," *American Scholar*, Winter, 1935, Vol. 4, No. 1, pp. 30-40.

Lindenthal, Gustav, "A Scientific Money System," *The American Engineer*, Vol. 1, Nos. 8 and 9, August and September, 1935.

Machlup, Fritz, *Boersenkredit, Industriekredit und Kapitalbildung*, Vienna, Julius Springer, 1931, XI, 220 pp. (See p.169) No. 2 of Beitrage zur Konjunkturforschung.

MacIver, Robert M., *Economic Reconstruction*, Report of the Columbia University Commission; Columbia University Press, New York, 1934, pp. 40-41.

(News Item), "100% Reserve Plan Developing Strong Support," *The Wall Street Journal*, February 19, 1935.

(News Item), "Many Withhold Opposition to Present Banking Bill Lest Legislators Put Forward Measure Requiring 100 % Reserves for Demand Deposits," *New York Herald Tribune*, February 25, 1935.

Platt, Edmund (Vice President, Marine Midland Corpn., former Vice-Governor of the Federal Reserve Board), "100% Banking Reserve Idea," *New York Herald Tribune*, January 2, 1935.

Reed, Harold L., A Memorandum, for Reserve City Bankers Association, on "The 100% Reserve System" in mimeographed form, January, 1935.

Ricardo, David, *Works*, p.499.

Soddy, Frederick, *Wealth, Virtual Wealth and Debt*, New York, E. P. Dutton & Co., 1926, 320 pp. (See p. 198 and p. 298.)

——"Wealth, Capital and Money, A Resume of My Theories," *Economic Forum*,

Summer 1933, pp. 291-301.

———*The Role of Money*, London, G. Rutledge & Son, 1934, pp. X, 222.

Simons, Henry C., and others, "Banking and Currency Reform"; a memorandum (with a supplement and appendix) circulated in mimeographed form, without designation of authorship, in November, 1933, 26 pp.

Simons, Henry C., *A Positive Program for Laissez Faire: Some Proposals for a Liberal Economic Policy*. Public Policy Pamphlet No; 15, Chicago, University of Chicago Press, 1934, pp. 40.

Tellkampf, Johan Ludwig, *Die Prinzipien des Gold-and Bankwesens*, Berlin, 1867.

———*Erfordernis voller Metalldeckung der Banknoten*, Berlin, 1873, pp. 23ft.

von Mises, Ludwig, *Theorie des Geldes und der Umlaufsmittel*, Munich, Dunker & Humbolt, 1912, IX, 476 pp.

———*Geltwertstabilisierung und Konjunkturpolitik*, Jena, Gustav Fischer, 1928. (See p.81.)

Whittlesey, Charles R., Banking and the New Deal, Public Policy Pamphlet No. 16, Chicago, University of Chicago Press, 1935, p. 25.

Woodlock, Thomas F., "A Few Things Wrong with the '100% Reserve' Plan," *The Wall Street Journal*, March 4, 1935.

附录二

两位银行家的评论

最先研究本书手稿的两位银行家是密苏里州圣路易斯市圣路易斯广场银行行长 F. R. 冯·温德格先生和副行长 W. L. 格雷戈里先生。他们允许我从他们的许多来信中引用以下内容:

我想,我的第一印象自然是与您在几点上意见不一致,但是我非常希望有机会更多地考虑您的计划。如果不是过于强求的话,我想请您把完整手稿的草稿寄给我。

* * * *

我应该告诉您,我们一直经营着一家商业银行,我们的存款几乎 90% 是活期存款,发展储蓄业务的机会非常小。但是,我想您会发现,尽管有这个障碍,我们仍然可以为您提供诚实的意见。

* * * *

我在上一封信中告诉您,我们将尽快告诉您我们对您的计划的印象。自从我们写信给您的那段时间以来,冯·温德格先生和我深入讨论了您的 100% 制度,这封信将代表我们的共同意见,我们已经解决了我们之间的一些小分歧。我可以说冯·温德格先生先读了这本书,然后把它交给我,而且我们俩都独立研究了该计划,直到我们认为自己心中有深思熟虑,然后才讨论其中的任何部分。无论我们是否能够通过我们的评论为您提供帮助,我认为您都会发现我们的观点是诚实的想法,现在它们已不带有我们的自私观点的味道了。当然,我们意识到,我们对这个话题的任何知识都来自于经验,而我们在理论上的不足可能会降低我们观点的价值。我们试图避免提出您已经回答的问题。由于有必要将大部分时间用于繁忙的运营工作中,我们仍然感到我们对此话题需要更多的思考,我们希望能在日后写信告诉您任何将来的想法,仅基于其中一些想法可能会对您有价值的原则。

我们俩都在很大程度上同意,目前的货币制度和我们的银行组织存在缺陷。我认为,过去我们都是从社会的角度而不是从经济的角度来解决这个问题的,我们希望的更正措施主要在于,我们认为现有的制度应交由更诚实的管理者来负责,现有机制在很大程度上可以克服邪恶。我想我们曾希望更多像斯特朗行长那样有能力的人会奇迹般地成为我们这个制度的救世主。不是因为我们自私,而是因为我们忽略了它,所以我们没有想到100%这样一个制度。意识到我们的运营依靠谎言过活,我们没有看到明显的事情是,纠正这个谎言会同时纠正我们的大多数弊端。从中您将了解到,尽管我们起初不愿承认银行(无论好坏)肯定无法控制其信用系统,但经过深思熟虑,我们终于就您的制度的几乎每个主要问题达成了一致。

具体地说,我们认识到支票货币是流通媒介的一部分,同样地它应该受到谨慎的控制。我们以前的制度没有控制这种流通媒介,我们所经历的许多不幸可以归因于这一事实。我们早就认识到,货币应该与价格水平挂钩,但却没有看到明确的答案,即货币必须与贷款脱钩。然而，在这一点上您是正确的，如果我们要适当地管理我们的价格结构，这是唯一的解决办法。我认为我们无须向您坦白，作为一家在最近几年的银行挤兑中幸存下来的银行的行长和出纳主任，准备金不足体系已经引起了我们不止一次的真正担忧。对于一个自认为诚实并试图做到诚实的人来说，认识到总有一天他可能无法履行按需全额支付的诺言，这并不容易。

冯·温德格先生和我都完全同意您的观点，即金本位是一种过时的、不必要的麻烦事物。我们早就应该摆脱这种准备金不足的特殊形式了。我们认为，这次大萧条应导致取消金本位这一经济因素。当然，我们都意识到，正如您所提出的那样，至少目前有必要在国际贸易收支的结算中使用商品黄金，而在您的第六章中，您指出这个事实，它将在您的计划中被如此使用。我们假定，您会坚持认为管理黄金和美元在外汇市场上的价值是您的货币委员会的一个职能。恰当的内部控制与这一外汇问题之间存在着这样一种关系，以至于责任的划分将是极其危险的。我确信您同意这一点，但我不知道是否值得对此进行详细说明，以使您的读者心中对此毫无疑问。

* * * *

您说货币委员会货币不是不兑现货币，因为它将由政府债券和银行券支持。我想我在这里发现，您希望避免与不喜欢不兑现货币的人发生争执。我当然理解这一立场的政治价值。但是，我相信您不会比我们更害怕不兑现货币，除非该货币是基于价格水平，而且只允许足够数量的货币流通来满足人民对交换媒介的需要。当然，最终，随着我们政府债务的还清，我们的委员会货币将在很大程度上成为无担保货币。请理解，冯·温德格先生和我本人都不对这一前景感到惊慌；如果一个适当组成的委员会，在价格水平的基础上运作，来调节流通量，我们当然不会惊慌。

因此，我们似乎并不像我们希望的那样有用。当我们能够在100%制度中挑出一些明显的缺陷，并将这些缺陷提请您的注意，以便您能够纠正它们时，我们的有用性就会变得明显。也许我们和您的意见太一致了，没有什么实际价值。在这个制度的实际运作中有大量细节我们认为可能需要注意，从这一点出发，我们将关注这些明确的事项。

* * * *

您建议货币委员会，可以通过向商业银行支付盈利来换取商业银行乐意使用委员会货币。我更倾向于您的另一种选择，即让银行直接向客户收取服务费来得到补偿。提出这个建议的原因是，我们这些银行的人都知道，我们的储户在使用他们的账户的方式上，以及他们给银行造成的麻烦上，差别有多么大。最好收取服务费来纠正以下这些特殊情况，例如未收款项的支票支取，以及活跃账户的小额结余。我认为，如果支票功能是按成本加成使用的，费用根据个人使用服务的情况估算，那么对所有客户都是公平的。

在第八章中，您讨论了与商业的关系，我们同意您的观点。我们确信您在利息问题上是正确的，并同意，在委员会的正确指导下（前面已表明此点），我们将拥有一个自由的贷款市场，使利率能够发挥其真正功能……我们确实认为，如果您能稍微详细阐述一下100%制度如何在很大程度上使商业周期平稳下来，这对呈现您的计划会非常有益。我们认为，这将是您的计划对商业的主要贡献。

当然，提出这个建议时，我们总是会想到您的一般读者。我们并不轻视电影作品中典型的普通美国人，但我们从日常接触中知道，即使是显而易见的问题，我们也必须非常小心地处理。

……格雷戈里先生和我本人对您这本"100%"的书非常感兴趣，如您能透露点它的进展情况，我们将不胜感激。

* * * *

当然，我们认识到，100%制度是令人不安的，因为它恢复了金匠时代流行的银行惯例，100%制度是如此具有革命性，仅仅提及它就会把一些老金融反动分子吓得"发疯"；但在我们看来，它的基础似乎是如此简单和实用，以至于我们至少希望看到它被拿出来公开讨论，由作者通过解释来支持它。

我把书带回家后，周日晚上读完了"第三遍"。格雷戈里先生昨晚拿走它，很可能会在周末读完。然后，我们将再次给您写一封联名信。

* * * *

《稳定货币》被证明是一本非常有趣和有启发性的书。我对您清晰、精确和非技术性的风格表示祝贺。任何思考的人都应该能够理解它，我相信任何读过它的人都会被说服。除了一些小的例外（我们已经在您的手稿旁注明了这一点），我认为《百分百货币》这本书同样具有上述优点。

我今年正好是罗伯特·莫里斯协会（Robert Morris Associates）当地分会的负责人，我打算用一个晚上来讨论"稳定货币"这一话题，然后可能再用另一个晚上来讨论您的"100%制度"。令我惊讶的是，银行家们对自己业务的基础知之甚少，而且他们自己的观点是那么"顽固"。

去年冬天某人在圆桌俱乐部做了一个关于"稳健货币"的报告。他那诡异的高潮是一声声"回到黄金——回到黄金！——回到黄金！！"的呼喊，这让我不由得想起了牧师们的故事，他们曾经每周一在佐治亚州的亚特兰大会面，讨论神学问题。在其中一次会议上，卫理公会派教徒固执己见，教条性地说："我是怎么怎么想的，我是怎么怎么想的，我是怎么怎么想的。"浸信会牧师说："兄弟，当你说你是怎么怎么想的，你是怎么怎么想的，你是怎么怎么想的时，你根本没有在想什么，你只是在重新安排你的偏见。"

* * *

这里的方法与我们之前所遵循的方法相同。我们每个人都读了手稿，然后讨论了我们各自想到的要点。

* * *

冯·温德格先生认为，不熟悉储蓄转换为产权的方式的普通读者会得出这样的结论，即当国家没有足够的储蓄存款来应对银行现有的贷款数量时，货币委员会将运作起来。当然，我和冯·温德格先生都完全理解您对此事的解释，但他仍然认为，为了读者的利益，可能需要对这一点进行一些额外的强调——读者可能掌握了美联储的数据，但要么是因为懒惰，要么是因为无能，他们不会把这件事想得一清二楚。

* * *

我不知道是否值得在您的书中为了公众的利益再次强调，货币或任何其他交换媒介，仅仅是为了补足易货贸易的短板，而不是一项财富。只要人们把货币本身看作是财富，他们似乎就想把货币与某种商品如黄金联系在一起，而且，在经济萧条时期，他们还想把他们所有的真正财富变成交换媒介。仅仅因为货币被用来衡量财富，他们将货币真的视为财富的最高形式。我们能否说服人们，或者您是否愿意来说服人们，货币是交换实际财富的便捷工具，它本身没有其他价值？这种货币概念将使第 102 页脚注中提到的印花代币券没有必要，而且我想我已经对您说过，我相信对于适当管理的货币制度来说它没有必要，因为增加纸币数量会完成同样的事情。

* * * *

冯·温德格先生和我两人，都对您允许我们阅读的第一版手稿的改进印象深刻。我们对第八章特别满意。我们注意到在两三个地方的表述，即 100% 制度可以在没有一个有管理的货币的情况下建立。由于我们一直在阅读和思考您的 100% 计划，我们已经非常彻底地相信与有管理的货币结合的计划，以至于我们必须在此表示希望您不要将这两件事分开。

* * * *

当以书的形式出现时，本书肯定会遇到无知和偏见，我们希望您能够克服它们。我们俩都认为本书中包含的内容已经以一种简洁有力的方式和易于理解的语言进行了介绍。

* * * *

如果您认为我们可以通过我们所拥有的朋友圈，帮助您向本国我们所在的地区传达信息，我们将很高兴您允许我们尝试解释您的制度。

附录三

银行家们经常反对他们自己的利益

有些读者可能怀疑100%计划会帮助银行家的说法,因为银行的普通员工可能会反对它。为了反驳这种怀疑论,下面引述尼尔·卡罗瑟斯(Neil Carothers)于1934年11月25日星期日在《纽约先驱论坛报》上发表的文章:

"一百多年来,这个国家的银行顽固地、不明智地未能跟上时代的步伐,损害了自身的利益,伤害了国家。它们反对第二合众国银行的银行改革,并在1837年的萧条中自取灭亡。从1830年到南北战争期间,它们盲目地不断斗争,试图在发行银行券中获得起码的体面,只有根据1863年的《国民银行法》,它们才能从银行券发行中获得微薄的利润。

"从1890年到第一次世界大战期间,对于提出的每一个更合理的制度,它们像倔强的骡子一样止步不前,只是在1913年被迫接受联邦储备制度。即使如此,它们仍然阻碍关于统一制度的每一个提议,最终得到的是混合双制度计划,其缺点正是1929年大崩溃的原因之一。历史记录显示,这个国家的银行从未在任何纲领或计划上团结在一起,除了它们联合起来反对任何改变之外。"

附录四

1935年《银行法》修正案

以下是罗伯特·H.亨普希尔先生对众议院第5357号决议案（现为1935年《银行法》）提出的修正案。

1. 本法通过一年后，在美国或其领地内的所有个人、合伙企业、协会或公司，从事法律所定义的银行业务，除其他事项外，在收到存款人的货币或任何替代性交换媒介的存款后（该存款可以凭支票或同等命令随时或在30天内提取或支付，要以美国合法货币为上述存款人托管上述存款），或手头持有，或存在其所在区的联邦储备银行或美国财政部；但前提是该银行可自行承担风险，将上述存款的任何部分投资于美国政府的带息债券或票据，并且该债券或票据的利息可由该银行收取和保留，以供其自用和获益；此外，美国的任何上述债券或票据应有资格在任何联邦储备银行按其面值和上述债券或票据规定的利率贴现。本法案生效后，根据申请，联邦储备银行应对所在区的任何银行贴现任何此类债券或票据，并且不得贴现其他债务，与本规定相抵触的所有法律或部分法律均予废除。

2. 本法通过后，由于安全和信任的原因，美国财政部可以为任何联邦储备银行的账户接收和保管存放在它这里的美国法定货币或债券或票据形式的资金，并须一经要求随时可将存入的款项交付上述存款人；或经上述存款人正式认证的命令后，将上述款项的所有权转让给该命令指示的其他联邦储备银行。美国财政部账户上正式认证的信用应为在美国或其领地或属地的任何银行、（合伙）银行事务所或从事银行业务的公司的法定准备金，针对此信用，美国财政部应一经要求，向任何存款人签发并交付一美元、五美元、十美元、二十美元、五十美元、一百美元、一千美元、十万美元或一百万美元面额的无息国库券，或联邦储备委员会不时指示的其他面额，而所有如此发行的国库券，均为所有公共及私人债务的法定货币，并可由美国财政部随时，按联邦储备委员会指示的价格、条款及条件，由联邦储备委员会选择以金锭或银锭赎回。

3. 特此指示联邦储备委员会使用其所有权力和工具来增加本国流通的交易媒介，直到流通中（即银行和联邦财政部之外）的媒介（包括全国商业银行中的个人活期存款）达到人均250美元（根据人口普查局提供的截至本法通过之日的人口估计数），并进一步指示联邦储备委员会使用其所有权力和工具维持上述人均250美元的流通，除非这一授权随后被国会进一步的法律所修改。

附录五

安杰尔教授论100%准备金观点

哥伦比亚大学经济学教授詹姆斯·W.安杰尔在一篇35页的关于"100%准备金计划"的文章①中,严厉批评了之前所有版本的100%准备金计划。但是,如果他所批评的人批评他的批评,他们可能同样严厉。因为他似乎过分强调了前辈们提议中的所谓错误,即使这些提议与他自己的几乎一模一样。②他的建设性结论引述如下。

在一封允许我引用这些结论的信中,他写道:

"我不是为了计划本身的原因而提倡该计划,而只是为了提供我所认为的控制'货币'供给总量最简单或许也是唯一切实可行的方法本身,才提倡它。"

---

① *Quarterly Journal of Economics*, November, 1935.

② 本书第一版140页末的100%计划版本,即向银行提供无息贷款用于准备金,与安吉尔教授的计划非常吻合,尤其是如果"贷款"真的是一种"永久的"赠与(见第一版第141页脚注)。两者的主要区别似乎在于,安吉尔教授建议对银行的所有资产一视同仁,而不是将某些资产分配给活期负债。

不过我同意,这种对所有资产的留置权具有明显的实际好处。这一改善似乎能够使100%准备金的想法不仅令人满意,而且对银行家来说是积极可取的,而银行家将是阻碍实际采用100%准备金的唯一重要绊脚石。因此,安杰尔教授对这一主题做出了真正的建设性贡献。

安杰尔教授文章摘要*

在前几页中,指出了目前 100% 计划中的一些实际和理论缺陷。在我看来,这些缺陷严重到足以使计划本身失效。然而,我认为可以设计一个替代计划,既能达到预期的效果,同时又可以避免这些缺陷。当然,在目前这一简短的纲领中不可能详细提出这一替代计划,但主要内容可以概述如下:

1. 正如刚刚指出的那样,我同意,应建立 100% 的美元或某种等值的准备金以支持商业银行目前的活期存款负债。但不应要求交出特定资产以换取建立 100% 准备金所需要的额外货币,而是应当建议商业银行和联邦储备银行向美国政府提供相当于其收到的新货币的价值的总资产的一般优先留置权。该留置权将不产生任何利息,并且如果有的话,它将被慢慢偿还或以其他方式消失。银行目前的活期存款负债将成为美国政府本身的债务(以保护存款持有人免遭欺诈),由银行作为政府的代理人进行管理,实际上是针对货币的仓单。由于银行自己不拥有这种货币,而是为活期存款人托管,银行将无法再次借出它。因此,这将打破目前银行资产量与流通货币量之间的联系。支票账户的内部管理将完全像目前那样由

---

* 本部分内容所列注释均为安杰尔教授原文中的注释。——译者

相同的人员进行，可能没有必要在现有银行中创建独立的公司来处理此类账户。这些措施将确保活期存款人拥有完全的法律安全。①

2. 类似的安排将适用于目前发行的联邦储备券和国民银行券。目前所有种类的纸币应合并为一个美国政府发行的单一货币。金属辅币应 100% 由新的美元纸币担保。

3. 商业银行的定期存款和储蓄存款将仍然是各个银行的负债，但将转换为可转让的有息定期债务，该债务分期连续到期，例如三个月内不超过 20%，一年内不超过 40% 到期（利率当然会随着期限的变化而变化）。如果需要，这些定期负债将以小面额发行。它们将由银行现有资产总额担保，仅受美国一般留置权的约束（近期不会行使）。因此，就当前可能用于清偿的资产数量而言，给予此类定期负债的当前有效保护，将远大于现在给予定期和储蓄存款的保护（在费雪的计划下将减少）。持有此类负债的吸引力也将大大提高。因此，当前没有理由预期在过渡到新制度时储蓄存款人会挤兑，也没有理由预期资本市场和短期贷款市场出现任何重大混乱。②然而，

---

① 芝加哥计划的一种变体提议，所有的支票账户都转移到邮局或其他类似机构并由其管理，由商业银行按账户转移的金额发行债券。这类似于上述提议的优先留置权，但也会导致处理支票账户的所有现有安排完全中断。现在提倡的计划使现有的机制不受干扰。

如果一家代理银行不足以清偿债务，其剩余资产应转让给其他机构，并受适当规模的美国留置权约束；它管理的活期存款将全部以货币支付。美国政府可能会蒙受账面损失，但这无关紧要。

② 向新制度的过渡本身不会改变人们持有货币和使用货币的习惯。目前商业银行的部分定期存款无疑是暂时闲置的流动资金，将被转换成活期存款。但目前部分活期存款实际上是为了防范近期实际和预期的紧急情况而持有的，为获得更大的安全性，将投资于拟议的新定期负债。从定期存款转换到活期以及相反的转换，这两组转换应该大致抵消。至于银行，它们没有理由试图大幅改变目前的投资组合。

商业银行中此类存款的当前持有人应有足够的期限(例如一年)来做出选择。如果他们选择将其转换为活期存款或新货币,而不是转换为定期债务,则应为此目的发行新的美国货币,并相应增加负债银行给予美国政府的优先留置权;在过渡期间,相比强迫银行出售资产以便获得转换所需的资金,这更加可取。[①]

4. 每家商业银行作为管理活期存款的政府代理人,每年或每半年将向一个共同基金池支付其总收益的一部分,该比例等于美国政府对其总资产的原始留置权与其在特定付款日的资产价值(由某一预定程序确定)之比;并从资金池中收回一笔款项,该款项与其在上一个会计期间管理的全国活期存款总额的一部分成比例(也许也与借方成比例)。这将在合理的基础上补偿银行作为管理机构的服务,同时避免向储户收取费用。银行间活期存款的转移将影响每家银行从公共资金池中获得的收入,但不影响其对公共资金的支付,也不会改变美国政府对其资产的留置权。高于某一百分比的任何收入的一部分都可能用于减少美国政府的留置权。[②]

5. 商业银行目前的借贷和投资业务将大体上像目前一样继续进行,[③] 支票的清算和托收也将继续如此。但是,银行间和区域间的

---

① 这一规定本身应能防止商业银行当前的定期和储蓄存款的任何恐慌性资金外逃:它们在过渡时期的可兑换性将得到保证。此外,正如刚才所指出的,还有其他理由可以预期,目前的流通货币数量不会由于定期存款的转换有什么净增长。但是,反过来说,如果活期存款转为定期存款,则货币数量不应减少,除非以前通过相反的转换而增加。对定期负债的 3% 准备金应保留至少一段时间——主要是为了其心理效果。

② 这些款项想必付给作为政府代理人的各储备银行,它们应该立即重新投资于比如说美国证券,以使流通货币的供应保持不变。

③ 如果以货币或其他银行的活期存款偿还银行贷款,则这些将成为债权银行的财产。如果用债权银行本身管理的存款偿还了该笔贷款,则该笔存款(像目前那样)不

资金流动只会对相关区域的货币供给产生一对一的影响(而不像目前这样经常产生乘数效应)。活期存款在银行间的持久转移,将不时伴随着银行间大体对应转移这些存款背后金库中的美元。

6. 金银只用于国际余额结算。它们以货币表示的价格在比如一年的时间内变化很小。流入或流出的金银将在规定限度内由公开市场操作予以抵消。如果金银外流使国家铸币流失,那么这个国家的外汇比价就会贬值(如果不利压力继续存在),但这仍好于迫使国内经济结构与当前的国际收支平衡和碰巧遇到的其他国家的当前状况相一致。为了防止"通货膨胀",当达到某一预先设定的最大持有量时(最好不要大大超过当前数字),就应该停止购买铸币。

7. 货币总量,无论是外部流通的还是作为活期存款基础的,将随着估计的人口长期增长而变化,也许随着货币流通速度明显的长期逐渐变化而反向变化。① 在 1920—1930 年间,这两个因素加在一起导致货币存量的增加每年不到 1.5%(也许十年间平均每年增加 3.5 亿美元)。增加应该是频繁的,每一次都应该是小幅度的,以缓和它们的影响。联邦储备银行将通过在公开市场购买美国证券来实现这些目标;然而,这些购买根据现有的证据看将不重要。储备银行还将获得一个小的公开市场基金,体量可能为 2 亿—3 亿美元,以抵消中央货币市场的短期压力。除了这些逐渐的长期变化和

会被销毁,除非债权银行更愿意持有货币;如果没有销毁,该银行将成为由 100% 的货币或最终美国政府负债支持的存款的所有者,该存款由其自己的支票部门管理。

① 关于这最后一个建议,请参阅上面提到的我的文章,该文发表于致敬卡塞尔的一本书中(即 "Monetary Control and General Business Stabilization", 1933, *Economic Essays in Honor of Gustav Cassel*。——译者)

短期的小波动之外，① 货币存量将保持稳定。

因此，该拟议计划的主要运作特征是：第一，将商业银行的活期存款负债转换为美国政府的类似负债，但提供100%的货币担保，由商业银行作为代理人进行管理；第二，向美国政府授予对商业银行资产的留置权，该留置权等于所接管的负债；第三，将商业银行目前的定期存款和储蓄存款转换为不同期限的可转让系列债务；第四，实现流通货币总供给量的稳定（除了相对缓慢的长期转移）。尽管所涉法律关系发生了巨大变化，但这些提议几乎不需要改变我们目前货币和银行安排的实际运作。特别是，它们本身并不需要将现有银行资产转移到美国政府，也不必强迫出售此类资产，不对现有银行机构进行清算，也不需要对银行职员或日常银行程序进行重大调整。

我认为采纳这些建议，将实现前几节所审视的100%计划瞄准的根本目标。它们将使货币和活期存款在法律意义上完全"安全"，将结束目前货币数量对银行资产总量的依赖，并将允许合理控制货币存量自身的总规模。同时，它们避免了其他那些计划中显然固有的实践和逻辑困难。刚刚概述的计划不会招致政治上的滥用；它当然不是通货膨胀；没有理由担心这项决议的采纳会在过渡期间引起严重的动乱；它为长期货币供应管理建立了一个简单的程序，我相信，这将产生比上述其他方法更好的结果。当然，它不会消除商业周期和其他主要的经济波动。这些波动的根源众多而广泛，其中许多波动远远超出了货币制度本身的作用范围。但是，在商业活动和

---

① 同样可能的例外是最初的"通货再膨胀"增加，上文第三节开头已讨论。

货币存量朝着同一方向变化的时期,两者相互加剧的影响是它们当前关系的特点,通过消除这种影响的大部分,这个计划将大大降低波动本身的幅度和严重性。因此,该计划将在使货币真正"安全"方面走得更远,既能防止货币持有人的名义债权蒸发(如银行破产),又能防止货币价值的突然大幅变化。因此,它也将在使经济活动保持合理的稳定方面走得更远。在我看来,这最后一点应该是所有有关货币和银行改革的广泛建议的主要最终目标。

索　　引

（页码为原著页码，即本书边码）

100% (Hundred per cent) 制度列在"H"之下

10% (Ten per cent) 制度列在"T"之下

A

Accommodation, cost of 通融的成本, 137

Adams, President John 约翰・亚当斯总统, 19

Adriance, Walter 沃尔特・阿德里安斯, xiii

Aldrich Commission 奥尔德里奇委员会, 56

Aldrich-Vreeland Act 奥尔德里奇-弗里兰法, xi

Altman, Irving B. 欧文・B. 奥尔特曼, xi

Anderson, George W. 乔治・W. 安德森, xv

Anderson, Paul 保罗・安德森, xv

Angell, James W. 詹姆斯・W. 安杰尔, ix, 238; quoted, 引用, 239-245

Argentine, price level control in 阿根廷的价格水平控制, 128

Assets 资产

of banks 银行～, 10, 23, 30, 41, 62, 240, 242;

of Federal Reserve Banks 联邦储备银行～, 239;

lien of Government on 政府对～的留置权 239ff;

Australia, price level control in 澳大利亚的价格水平控制, 128

Automobile, simile of 汽车的比喻, 105

Ayres, Leonard P. 伦纳德・P. 艾尔斯, xiv

B

Balance Sheet 资产负债表

of a commercial 商业银行～, 46;

索 引

Hypothetical 假设性～, of the Currency Commission 货币委员会的～, 66; of the Federal Reserve Banks 联邦储备银行的～, 63; of the Member banks 成员银行的～, 65, 93

Bank Assets 银行资产, 10, 23, 30, 41
 lien of the Government on ～的政府留置权, 239ff.;
 link between volume of money and 货币量与～的联系, 240

Bank, balance sheet of a commercial 商业银行的资产负债表, 46;
 example of operation of a ～的运作示例, 36ff.

Bank Deposits 银行存款, 见 Deposits 存款

Bank Failures 银行倒闭
 reducing 减少～, 11, 216;
 typical for America 美国的典型特点, 164;
 另见 Bank Runs 银行挤兑

Bank Loans 银行贷款
 Under 100%System, expansion of 在100%制度下, ～扩张, 89;
 not affected ～不受影响, 82

Bank Money 银行货币
 history of ～的历史, 33;
 另见 Deposits 存款, Check-Book Money 支票货币, Credit 信用

Bank Notes 银行券
 abuse of 滥用～, 57;
 deposits replacing 存款取代～, 8, 53, 54;
 reserves behind ～背后的准备金, 57, 160;
 tie to Government debt ～与政府债务捆绑, 176;
 unsigned 未签名的～, 29;
 另见 Federal Reserve Notes 联邦储备券, National Bank Notes 国民银行券

Bank of Amsterdam 阿姆斯特丹银行, 34, 35, 36, 37, 38

Bank of England 英格兰银行
 note issue of ～发行票据, ix, 19, 27, 30, 157;
 profit motive of ～的利润动机, 159;
 100% reserve requirement of ～的100%准备金要求, 19, 30, 164

Bank Psychology 银行心理
 influence of ～的影响, 190

Bank Reserves 银行准备金, 参见 Reserves 准备金

Bank Runs 银行挤兑
 elimination of 消除～, 11, 18;
 cause of ～的原因 48;
 另见 Bank Failures 银行倒闭

Bankers 银行家
 deposit expansion by ～增加存款,

184, 185;
effect of 100% System on 100%制度对~的影响, 17, 18;
reducing risk for 降低~的风险, 18;
not to be blamed 不怪~, 78;
opinions of ~的观点, viii, x, xi;
opposition to 100% System ~反对100%制度, 29, 30, 171;
opposing their own interests ~反对自己的利益, 见附录三, 234ff.;
reimbursement of 补偿~, 18, 152ff., 156ff.;
right to control money ~控制货币的权力, 215;
true function of ~的真正职能 20

Banker Domination 银行家统治
Federal Reserve intended to overcome 美联储有意克服~, 204;
of industry ~实业, 14, 138, 139;
protection against 防范~, 204

Banking 银行(业)
branch ~分支, 161, 162, 163, 195;
change in original system of ~原始制度发生变化, 34;
conflagration risk of ~的大火风险, 194;
functions of ~的职能, 60;
mystery of ~的秘密, 12;
nationalization of ~的国有化, 18, 201, 203;
on a shoe string ~以小博大, 46, 47, 52;
reform of ~改革, 51, 52, 246;
risk of ~的风险, 154

Banking Act of 1935 1935年《银行法》, vii, 21, 36, 161, 193, 213;
amendments to ~修正案, 见附录四, 235ff.

Banking System 银行制度
dangers of American 美国~的危险, 8, 46, 47, 48, 163;
dangerous to capitalist system ~对资本主义制度有害, 219;
example of operation of ~的运作示例, 36ff.;
simplifying the 简化~, 12

Banks 银行
acting as private mints ~作为私人铸币厂, x, 7, 8, 186, 202, 220;
and branch banking ~和分支银行, 162, 163;
and deposit insurance ~和存款保险, 161, 162;
assets of ~的资产, 10, 41, 62;
cash requirements of ~的现金要求, 42, 另见 Reserves 准备金;
enemies of the public 公众的敌人, 78;
failures of ~倒闭, 11, 164, 216;
lending by ~贷出, 45;

索 引

liquidity of ～的流动性, 77, 157;
manufacturing and destroying money (deposits) ～制造和销毁货币（存款）, 6, 7, 13, 17, 38, 41, 43, 44, 94, 113, 202, 215;
money management and 货币管理和～, 185;
nationalizing the 国有化～, 18, 201, 203;
power to inflate and deflate ～通货膨胀和通货紧缩的权力, 45;
profits of ～利润, 154, 155;
promissory notes of ～本票, 8, 39;
reimbursing the 补偿～, 18, 3, 152ff., 242, 243;
relinquishing monetary function ～放弃货币职能, 203;
runs on ～挤兑, 11, 18, 48;
regulating the value of money ～调节货币价值, 19;
safety of ～安全, 195;
service charges of ～服务费, 153;
shareholders of ～股东, 158;
short selling by ～卖空, 39;
status of deposits ～存款的地位, 11, 23, 39

Banks 银行, Central 中央～, 159
Banks Under 100% System 100%制度下的银行
loss to ～的损失, 152, 156;
benefits to ～受益, 156, 170;
earnings of ～的收入, 153, 154, 155;
effect on 作用于～, 98, 152ff.;
lending by ～贷出, 17, 91, 155;
reimbursing the 补偿～ 18, 23, 152ff., 242, 243

Bauer, John 约翰·鲍尔, xiv
Belgium 比利时
Price level control in ～的价格水平控制, 128
Bills in Congress 国会法案
for 100% System 针对100%制度的～, xv
Blake, Luther 路德·布雷克, 100
Booms 泡沫
cause of ～原因, 17, 48, 120, 181;
credit expansion during ～时的信贷扩张, 174;
danger of ～的危险, vii;
effect on interest rate of ～对利率的影响, 138;
prevention of 预防～, 110;
risk of ～风险, 195;
transmission of ～的传播, 133;
另见 inflation 通货膨胀
"Booms and Depressions"《泡沫与萧条》, 引用, 119
Borrowers 借款人
renewal of loans and 续贷和～, 148;
under 10% and 100% Systems 10%

和100%制度下的～, 138
Bousquet, G. H. G. H. 布斯凯, xiii
Braden, Spruille 斯普瑞尔·布雷登, xiii
Branch Banking 分支银行
   no need for 无需～, under 100% System 在100%制度下～, 161, 162, 163, 195
Brougham, H. B. H. B. 布鲁厄姆, xiii
Brown, Harry G. 哈里·G. 布朗, xiv
Bryan, William Jennings 布莱恩·威廉·詹宁斯, 204
Bureau of Standards 标准局, 213
Business 商业
   and the 100% System ～和100%制度, 135ff., 246;
   and the price level ～和价格水平, 180;
   contraction of ～收缩, 180, 181;
   expansion of ～扩张, 177, 178, 179;
   tie to debt structure ～与债务结构捆绑, 177
Business Confidence 商业信心
   during depressions 在萧条时期的～, 122
Business Cycles 商业周期
   aggravation of 加剧了～, 47, 80;
   and the 100% System ～和100%制度, 16;
   causes of ～的原因, 120-124;
   elimination of 消除～, 246;
   explanations of ～的解释 120, 217

C

Canadian Bank Act 加拿大银行法, 59
Canadian Banks 加拿大银行, 29
Capital Loans 资本贷款, 见 Loans 贷款
Capitalistic System 资本主义制度
   banks and the 银行和～, 219;
   danger to ～的危险, 218;
   failure of ～的失败, 218, 219
Carothers, Neil 尼尔·卡罗瑟斯, 引用参见附录三, 234
Cash 现金
   contest for ～争夺战, 74, 77, 78, 79, 182, 195;
   deposits of ～存款, 79;
   expansion of ～扩张, 78;
   Government Securities to replace 政府证券取代～, 29, 30, 156;
   promissory notes taking the place of 本票代替～, 38;
   deposits replacing 存款代替～, 55, 56;
   which is not cash 不是现金的～, 41, 54, 55;
   withdrawal of 取出～ 70ff.;
   另见 Pocket-Book Money 零用货币
Cash Backing 现金支持

of checking deposits 支票存款的～9，10，239ff．

Cash in Bank 银行现金，见 Deposits 存款

Cash Reserves 现金准备金

increasing of 增加～，increasing to 100% 增加～到100%，9，101，239；

requirements of ～的要求，40，42，49，50，57，63，64；

另见 Reserves 准备金，Reserve Requirements 准备金要求

Cassel, Gustav 古斯塔夫·卡塞尔，171

Central Banks 中央银行

profit motive of ～的利润动机，159

Check Banks 支票银行

establishment of 设立～，10，27，61；

minting money ～铸币，19；

另见 Banks 银行

Check-Book Money 支票货币

accretion of ～的积累，95；

cash and 现金和～，67，68；

creation and destruction of 创造和销毁～，6，7，13，17，38，41，43，44，77，78，94，123，124，202，215；

explanation of ～的解释，3，4，10，43；

loans and 贷款和～，17，91，92；

substitutes for 取代～，3；

volume of ～体量，4；

另见 Checking Deposits 支票存款，Circulating Medium Deposits 流通媒介存款

Checks 支票，42；

in transit 转收的～，159，160；

另见 Check-Book Money 支票货币，Deposits 存款

Checking Deposits 支票存款，28；

cash backing of 现金支持的～，9，10；

distinction between savings deposits and 储蓄存款和～的区别，13，168；

另见 Check-Book Money 支票货币，Deposits 存款

Chicago University 芝加哥大学

Memorandum of ～的备忘录，xii，240；

quoted 引用，47，189

Circulating Medium 流通媒介

illusion of abundance of ～充足的幻觉，182；

under 100% System 100%制度下的～，67；

various sorts of 各种各样的～，28；

velocity of ～的速度，14，95，244；

另见 Cash 现金，Check-Book Money 支票货币，Deposits 存款，

索引

Money 货币，Pocket-Book Money 零用货币

Circulating Medium, volume of 流通媒介～的体量，and depressions ～和萧条，121；

  and loans ～和贷款，7，13，14，89，90，93，94；

  changes to ～的改变，58，70，136，244；

  fixed per capita 人均固定～，24，237；

  keeping unchanged ～保持不变，22，180，243，244，245

Cohrssen, Hans R. L. 汉斯·R. L. 科尔森，xiii

Coins 硬币

  minor 小额～，辅币 28

Columbia University Commission 哥伦比亚大学委员会

  Report of ～报告，quoted 引用，189

Commercial Banks 商业银行

  functions of ～职能，60，243；

  balance sheet of ～资产负债表，46；

  reimbursement of 补偿～，18，152ff.，242；

  另见 Banks 银行

Commission Currency 委员会货币，9；

  另见 Currency Commission Currency 货币委员会货币

Commons, John R. 约翰·R. 康芒斯，～xii

Conflagration Risk 大火风险

  of banking 银行的～，194

Congress 国会

  bills for 100% System 100% 制度的～法案，xv；

  power to regulate the value of money ～调节货币价值的权力，19，201

Conversion of demand into time deposits 活期存款转化为定期存款，241，242

Cox, Garfield V. 加菲尔德·V. 考克斯，xii

Credit 信用

  controlled expansion of ～扩张，184；

  extension of ～授信，41；

  illusion of elastic 弹性～幻觉，179；

  pyramiding of ～金字塔，8；

  taking the place of cash ～代替现金，4，55；

  另见 Check-Book Money 支票货币，Deposits 存款

Crises 危机

  causes of ～成因，122；

  另见 Depressions 萧条

Cullinan, J. S. J. S. 卡利南，xiv

Currency 货币（通货）

  illusion of an automatic 自动～幻觉，213；

  illusion of an elastic 弹性～幻觉，179；

realizing an elastic 实现弹性～, 181;
tinkering with the 修补～, 180, 181, 185, 186, 217;
另见 Cash 现金, Money 货币
Currency Certificate 货币凭证, 28;
另见 Greenbacks 绿背美元
Currency Commission 货币委员会
and interest rates ～和利率, 140;
and loans ～和贷款, 64, 82ff., 86ff.;
assets of ～资产, 62;
hypothetical balance sheet of ～的假设性资产负债表, 66;
during transition period 在过渡时期的～, 67, 68;
establishment of ～的设立, viii, 21;
functions of ～的职能, 9, 14, 15, 17, 21, 22, 27, 61, 70, 95, 98, 99, 107, 110, 111, 136, 140, 141, 146, 147, 170;
open market operations by ～的公开市场操作, 21, 88, 110, 111, 112, 140, 141, 146;
profit to Government through 政府通过～获利, 209, 210;
purchase of Government Securities by ～购买美国证券, 11, 206;
rediscounting by ～再贴现, 64, 87, 88, 89, 112, 203;
reflation by ～通货再膨胀, 15, 99, 100;
status of ～的地位, viii, 208;
study of index numbers by ～研究指数, 97;
threefold program of ～的三重程序, 100, 101;
velocity control by ～控制流通速度, 102;
另见 Open Market Committee 公开市场操作
Currency Commission Currency 货币委员会货币
backing behind ～背后的支持, 15, 16;
overflow of ～溢出, 109;
under the 100% System 100% 制度下的～, 68;
另见 Commission Currency 委员会货币
Currency Issue 货币发行
profit from 从～中获利, 209, 210;
wild cat period of ～的野猫时期, 8
Currie, Lauchlin 劳克林·柯里, xii
Cutting, Senator Bronson 参议员布朗森·卡廷, xv

D

Debt 债务
and deflation ～和通货紧缩, 121ff., 124, 125, 132, 133;
basis of deposit currency 存款货币

的~基础, 42, 43, 176, 177, 178;
basis of recovery 复苏的基础, 105, 178;
disease ~病, 121;
obstacle to borrowing 举债障碍, 183;
starters ~的起因, 130ff.;
psychological phases of ~的心理阶段, 132;
另见 Government Debt 政府债务

Debt-Deflation 债务紧缩
theory of depressions 萧条的~理论, 119, 132, 133

Debt Liquidations 债务清偿
during 1929-1935 1929—1935 年的~, 127;
ineffectiveness of 无效的~, 125

Deflation 通货紧缩, x;
banks as a cause of 银行是~的原因, 74;
business cycle and 商业周期和~, 120;
danger of ~的危害, 4;
debt and 债务和~, 12lff., 124, 125;
causes of ~的原因, 5, 74, 75ff., 95, 107;
elimination of 消除~, 13;
illustration of typical 典型~的说明, 75;
guards against 防范~, 213;
另见 Stabilization 稳定性;

另见 Depression 萧条
Demand Deposits 活期存款, 见 Deposits 存款
Denmark 丹麦
price level control in ~的价格水平控制
Deposit Banking 存款银行
in small towns 小城镇的~, under the 100% System 100% 制度下~, 163;
of state banks 州立银行的~, 165;
另见 Banking 银行业
Deposit Insurance 存款保险, 161, 162
Depositor 存款人
manufacturing money ~制造货币, 41-43
Deposits 存款
abuse of 滥用~, 58;
confusion between savings and demand 储蓄~和活期~的混淆, 54;
contest for cash and 争夺现金和存款, 74;
conversion of demand into time 活期~转变为定期~, 240;
creation of 创造~, 38ff., 4lff., 174, 184;
destruction of 销毁~, 8, 43, 44, 74, 174;
explanation of ~解释, 38, 39;

inflation and 通货膨胀和～, 79, 80, 94, 95, 107, 108;
inflation of 通货紧缩和～, 185;
loans and 贷款和～, 68, 69, 90, 91, 92;
regulation of ～规定, 23;
replacing bank notes ～替代银行券, 8, 53, 54;
replacing cash ～替代现金, 54, 55;
reserves behind ～背后的准备金, 28, 53, 54, 61;
savings banks and 储蓄银行和～, 46;
status of ～的地位, 23, 30, 54, 55;
tie of, to debt ～与债务的捆绑 176, 177;
另见 Check-Book Money 支票货币, Circulating Medium Credit 流通媒介信用

Depressions 萧条
causes of ～的原因, 6, 7, 48, 55, 119ff., 181;
debt-deflation theory of great 大～的债务紧缩理论, 119ff., 132, 133;
prevention of ～预防, 128, 195;
另见 Stabilization 稳定性;
real interest rate during ～期间的真实利率, 139;
risk ～风险, 194;
secret of great 大～的秘密, 125;

loans during ～期间的贷款, 149;
transmission of ～的传播, 133;
1929-1935 type of 1929—1935 年类型的～, 127;
另见 Deflation 通货紧缩
Devaluation 贬值, 191
Dickinson Frank G. 弗兰克·G. 迪金森, 114
Director, Aaron 亚伦·迪雷克托, xii
Dollar disease 美元病, 121
Dooley, Mr. 杜利先生, quoted 引用, 12
Douglas, C. H. 道格拉斯, xiv
Douglas, Paul H. 保罗·H. 道格拉斯, xii
Dunbar, Charles F. 查尔斯·F. 邓巴, quoted 引用, 34, 35

E

Edmiston, H. H. H. H. 埃德米斯顿, xii
Edmonds, G. W. G. W. 埃德蒙兹, xv
Efron, Alexander 亚历山大·埃夫隆, vii
Eichelberg, L. E. L. E. 艾切尔伯格, xv
Eisler, Robert 罗伯特·艾斯勒, xiii
Employment Cycles 就业周期
under 10% System 10% 制度下的～, 47
Engels, Friedrich 弗里德里希·恩格斯, 218

England 英国
    banking in ~的银行业, 163；
    100% System applied in ~ 应用的100%制度, ix, 19, 27；
    price level control in ~的价格水平控制, 128

Equilibrium 均衡
    disturbance of economic 干扰经济~, 121, 122

F

Failures 倒闭
    Bank 银行~, 11, 216, 164；
    另见 Bank Failures 银行倒闭

Federal Reserve Bank Assets 联邦储备银行资产
    lien of Government on ~上的政府留置权, 239ff.

Federal Reserve Bank of New York 纽约联邦储备银行
    Annual Report of ~的年度报告, quoted 引用, 55, 56

Federal Reserve Banks 联邦储备银行
    help in installing 100% System ~帮助建立100%制度, 239ff.；
    hypothetical balance sheet of ~的假设性资产负债表, 63, 64；
    increasing reserves of ~增加准备金, 61；
    profit motive of ~的利润动机, 158；
    purchase of ~的购买, 22；
    rediscounting by ~再贴现, 51；
    reimbursing the 补偿~, 158ff.；
    reserves of ~的准备金, 49, 50, 68

Federal Reserve Board 联邦储备委员会
    function of ~的职能, 236；
    power to prevent last depression ~预防上一次萧条的权力, 129

Federal Reserve Bank Notes 联邦储备银行券, 28

Federal Reserve Notes 联邦储备券, 28, 65；
    reserves behind ~背后的准备金, 55, 57；
    obligations of the United States 美国的~债务, 204；
    under the 100% System 100%制度下的~, 27, 66, 240

Federal Reserve System 联邦储备体系
    attempted reform of ~的改革尝试, 51, 52；
    change of rediscount rate ~再贴现率的改变, 51；
    elasticity of ~的弹性, 177, 178；
    inflations and deflations under ~下的通货膨胀和通货紧缩, 51；
    open market operations of ~的公开市场操作, 51, 129, 244；
    operation of the ~的运作, 48, 49；

purpose of the ～的宗旨, 48, 49, 204, 205;
rediscount function of ～的再贴现职能, 89;
reserve requirements under ～的准备金要求, 49, 50;
stabilization of the price level under ～稳定价格水平, 205
Fiat Money 不兑现货币
fear of 对～的恐惧, 228
Fisher, Herbert W. 赫伯特·W. 费雪, xv
Float, The 浮存, 159, 160
Foreign Exchange 外汇
changing the price of 改变～价格, 21

G

Gephart, W. F. W. F. 格普哈特, xiv
German Banking System 德国银行制度, viii, 153
German Postal Checking System 德国邮政支票系统, viii, 153
Gilbertson, H. S. H. S. 吉尔伯特森, xiv
Glass Banking Act of 1934 1934年《格拉斯银行法》, 36
Glass-Steagall 格拉斯－斯蒂格尔
Deposit Insurance law ～存款保险法, 161
Gold 黄金, 28, 55;

changes in the price ～的价格变化, 21, 243;
convertibility of money into 货币可兑换成～, 186, 187;
hoarding of 贮藏～, 187;
insufficient amount of ～不足, 188;
international settlements in 用～进行国际结算, 192, 243;
the best standard ～是最好的本位, 186
Gold Certificates 金元券, 28, 55
Gold redemption 黄金赎回
fiction of 虚构的～, 192;
danger of ～的危险, 188
Gold Reserve Act 黄金准备金法
of 1934 1934年～, 187, 192
Gold Reserves 黄金准备金
raids on 对～的突袭, 188
Goldsborough, Congressman T. Alan 国会议员T. 艾伦·戈尔兹伯勒, xiii, xv
Goldsmiths 金匠
the first bankers ～是第一批银行家, 33, 52
Gold Standard 金本位, 23;
abandonment of 放弃～, 191;
automatic standard 自动～, 186;
establishing a full 建立一个完整的～, 191, 192;
instability of ～的不稳定性, 188,

189；

transmitting booms and depressions ～传递泡沫和萧条，133，134；

under the 100% System 100%制度下的～，16，17

Goodbody, Marcus 马库斯·古德博迪，xiv

Government 政府

and the 100% System ～和100%制度，201ff.；

control over the value of money ～控制货币价值，206；

profit to, through Currency Commission ～通过货币委员会获利，209，210

Government Debt 政府债务

after paying the 偿还～后，207；

reducing the 减少～，11，206，207

Government Securities 政府证券

purchase by Currency Commission 货币委员会购买～，11，206，207，208；

to be counted as reserves ～算作准备金，29，30，156

Graham, Frank D. 弗兰克·D.格雷厄姆～，xii，19

Graham, M. K. 格雷厄姆，xiv；

cited 引用，163

Greenbacks 绿背美元 27，28，160

Gregory, W. L 格雷戈里，x，xi；

quoted 引用，166，167，168；

附录二，225-233

H

Hanseatic League 汉萨同盟

tampering with the units of weight and measure ～篡改重量和长度单位，215

Hardy, C. O. C. O. 哈代，xii

Harr, Luther A. 路德·A.哈尔，xii

Hart, A. G. A. G. 哈特，xii

Hatry Scandal 哈特里丑闻，132

Heilperin, Michel A. 米歇尔·A.海尔珀林，xiv

Hellborn, Ludwig S. 路德维希·S.海尔伯恩，xv

Hemphill, Robert H. 罗伯特·H.亨普希尔，xi，21，50，149；

Foreword by ～的前言，xviii-xxiii；

Amendments to Banking Act of 1935 1935年《银行法》修正案，见附录五，235-237

Hersh, Grier 格里尔·赫什，xiv

Hoarding 贮藏，78，79，109；

control of 控制～，14，102

Hoover, President Herbert 赫伯特·胡佛总统

bond buying under ～任内购买债券，105，129

100% System 100%（准备金）制度

automatic form of ～自动形式，22，

23；

banks and 银行和～, 152ff., 156, 170；

bankers' opposition to 银行家们对～的反对, 171；

benefits of ～的好处, 119, 134；

branch banking and 分支银行和～, 161, 162, 163；

business and 商业和～, 135ff., 151；

capitalism and 资本主义和～, 218, 219, 220；

compared with 10% System ～与10%制度相比, 172ff.；

compromise plans ～的妥协方案, 22ff., 27ff., 156, 39ff.；

deposit insurance and 存款保险和～, 161, 162；

enactment of 制定～, 21ff.；

endorsements of 赞同～, viii；

gold standard and 金本位和～, 16；

Government and 政府和～, 201ff.；

history of ～的历史, x, xvi, xvii；

in England 英国的～, 19, 27；

installation of 建立～, 30, 100, 152, 238ff.；

interest rates under ～下的利率, 137, 140, 141, 142, 143., 144；

investments under ～下的投资, 13, 143, 144；

loans under ～下的贷款, xvi, 17, 81, 89, 90, 91, 135ff., 147, 148, 172ff.；

investment banking under ～下的投资银行, 150；

monetary policy and 货币政策和～, 96ff.；

money management under ～下的货币管理, 178；

need for ～的需求, in United States 美国的～, 163, 164；

no cure-all ～不是灵丹妙药, 216ff.；

not dependent upon Government debt ～不依靠政府债务, 207, 208；

objections to ～的反对意见, 14-18, 172ff.；

open market operations under ～下的公开市场操作, 141；

not dependent upon stabilization ～不依赖稳定, 27；

savings under ～下的储蓄, 17, 111, 136；

simplest form of ～的最简单形式, 22；

small town deposit banking under ～下的小城镇存款业务, 163；

stabilization under ～下的稳定, 15, 195；

transition to 过渡到～, 15, 30, 62ff., 156ff.；

war and 战争和～, 112, 113, 114

I

Income 收入
   national 国家～, xix;
   per capita 人均～, 26
Index 指数
   as criterion of stabilization 作为稳定标准的～, 110, 210;
   for wage payments 工资支付～, 213;
   manipulation of 操纵～, 211, 212;
   of population 人口～, 26, 244;
   of scarcity and abundance of money 货币短缺和充足～, 184;
   reasons for cost-of-living 生活成本～的原因, 97, 98;
   various types of 各种类型的～, 97
Index Numbers 指数, 18, 195;
   and money management ～和货币管理, 26, 110
Inflation 通货膨胀, x, 17;
   cause of ～的原因, 48, 79, 80, 95, 106, 107;
   danger of ～的危险 vii, 217;
   safeguard against 防范～, 13, 15, 195, 213, 214, 244, 245;
   war as cause of 战争起因的～, 112, 113, 114;
   另见 Booms 泡沫
Insurance 保险, 存款～, 161, 162
Interest, as deterrent to circulation 利息阻止（货币）流通, 168

Interest Rate 利率
   changes in the real 真实～的变化, 123, 137;
   depression and 萧条和～, 121, 123;
   disturbances in 干扰～, 123;
   during reflation 通货再膨胀期间的～, 137;
   effect of liquidity on 流动性对～的影响, 157;
   effect of stabilization on 稳定性对～的影响, 139, 140;
   increase in the 提高～, 143;
   ineffectiveness of low 低～无效, 105;
   influences affecting the 影响～的因素, 141ff.;
   reduction in the 降低～, 105, 141ff.
International Settlements 国际结算
   use of gold for 用黄金来～, 192, 243;
   use of silver for 用白银来～, 243
Investment 投资
   false type of 错误类型的～, 144, 145;
   over-indebtedness caused by profitable 有利可图的～导致的过度负债, 130, 131;
   under 100% System 在100%制度下～, 13, 111, 140ff., 144ff., 150
Investment Banking 银行投资业务

tendency toward 向～发展的趋势，under 100% System 100% 制度下～, 150
Investment Banks 投资银行
function of ～的职能 60, 61; 另见 Savings Banks 储蓄银行

J

James, F. Cyril F. 西里尔·詹姆斯, xii
Japan 日本
price level control in ～的价格水平控制, 128

K

Keating 基廷, General ～将军, 196
Kent, Robert D. 罗伯特·D. 肯特, xii
Keynes, J. M. J. M. 凯恩斯, 44, 171
King, Willford I. 威尔福德·I. 金, xii
Kjellstrom, Eric T. H. 埃里克·T. H. 谢尔斯特伦, 210
Knight, Frank H. 弗兰克·H. 奈特, xii
Kreuger Scandal 克罗伊格丑闻, 132

L

Lawful Money 合法货币, 49, 236
Le Blanc, George 乔治·勒·布朗, xi
Lending 贷出
by a bank 银行～, 45, 46;
by an individual 个人～, 45, 46;

same money over again 同样的钱再次～, 38ff.;
under 100% System 在 100% 制度下～, 83, 84, 85, 154, 155
Lester, Richard A. 理查德·A. 莱斯特, xii
Liberty Bonds 自由债券
campaign for ～运动, 145
Lien of Government on bank assets 针对银行资产的政府留置权, 239ff.
Liquidity 流动性
requirements of ～要求, 150;
tending to lower interest rates 倾向于降低利率, 157
Loans 贷款
deposits and 存款和～, 68, 69, 91;
during transition 在过渡期间的～, 83ff., 173;
equal to time (savings) deposits ～相当于定期（储蓄）存款, 94;
lengthening the life of 延长～周期, 147, 148;
long term 长期～, requirement for recovery 收回～的要求, 149;
limitations on ～的限制, 17;
maintenance of existing 维持现有～, during transition 在过渡期间的～, 84, 85;
renewals of ～续期, 85, 148, 149;
short term 短期～, and depression

~和萧条, 149;

tendency toward frozen 冻结~的趋势, 149, 150;

volume of circulating medium and 流通媒介的体量和~, 13, 14, 17, 89, 90, 93, 169, 170;

另见 Bank Loans 银行贷款

Loan Banks 贷款银行

establishment of 设立~, 27, 61

Loan Funds 贷款资金

confusion regarding 关于~的困惑, 183ff.;

short circuiting of ~短路, 86ff.;

source of ~的来源, 81, 82, 85, 90

Loan Transactions 贷款业务

and circulating medium ~和流通媒介, 7;

and Currency Commission ~和货币委员会, 86ff.;

另见 Loans 贷款

M

McCreary, William C. 威廉·C.麦克里里, xiii

Management, of Money 货币管理~

need for ~需求, 24;

under 100% System 在100%制度下~, 96ff., 110, 111, 177, 178;

under 10% System 在10%制度下~, 104, 105;

fear of 害怕~, 23, 213;

by Wall Street 华尔街的~, 214, 215

Manuel, Ralph W. 拉尔夫·W.曼纽尔, xiv

Marx, Karl 卡尔·马克思, 218

Maturity of time deposits 定期存款到期, 241

Means, Gardener 加德纳·米恩斯, xiv

Meeker, Royal 罗亚尔·米克, xii

Member Banks 成员银行

hypothetical balance sheet of ~的假设性资产负债表, 65, 93;

increasing reserves of 增加~的准备金, 51;

rediscounting by ~再贴现, 51;

reserves of ~的准备金, vii, 49

Mills, Ogden L. 奥格登·L.米尔斯, 184

Mints, Lloyd W. 劳埃德·W.明茨, xii

Monetary Authority Bill《货币当局法案》, 206

Monetary Standard 货币本位

transmission of booms and depressions 通过~传递泡沫和萧条, 133

Money 货币

checking deposits equal to 支票存款相当于~, 67;

control over the supply of 控制~供给, 239;

convertibility of ~的可兑换性, 186,

187；

fallacies regarding 关于～的谬论，172ff.，198，199；

control over the value of 控制～价值，206，246；

index of scarcity and abundance of ～的短缺和充足指数，183，184；

management of ～管理，96ff.，103，104，108ff.，178ff.，246；

manufacture and destruction of 制造和销毁～，by banks 银行～，7，13，17，38，41，43，44，94，202，215；

manufacture of 制造～，by Currency Commission 货币委员会～，146；

measuring the value of 测量～的价值，195，196，197；

nationalization of ～的国有化，18，201，202；

shortage of ～短缺，123；

supply and demand of ～的供求，197；

Supreme Court of ～最高法院，206；

withdrawal of 取出～，under 10% System 在10%制度下～，70，71，72；

另见 Cash 现金，Check-Book Money 支票货币，Circulating Medium Deposits 流通媒介存款

Money Changing 货币兑换

under 100% System 在100%制度下～，60

Money Illusion 货币幻觉，195，196

Money System 货币制度

simplifying the 简化～，12

N

National Bank Notes 国民银行券，28，52，65；

tie to Government debt ～与政府债务绑定，176；

under 100% System 100%制度下的～，66，67，240；

另见 Bank Notes 银行券

National Debt 国家债务

见 Government Debt 政府债务

National Monetary Conference 全国货币会议，xvi

Net Worth 净值

during depression 萧条期间的～，122

Newdick, Edwin 埃德温·纽迪克，xiii

New Era, psychology of 新时代心理学，132

Norway 挪威

price level control in ～的价格水平控制，128

Note Issue 纸币发行

under 100% System 100%制度下的～，60；

另见 Currency Issue 货币发行
Notes 券,纸币(钞票)
　　见 Bank Notes 银行券, Federal Reserve Notes 联邦储备券, National Bank Notes 国民银行券
Nye, Senator Gerald P. 杰拉尔德·P. 奈参议员, xvi

O

Objections 异议
　　to 100% System 对100%制度的～, 14-18, 172ff.
Open Market Committee 公开市场委员会, viii, 21, 213;
　　另见 Currency Commission 货币委员会
Open Market Operations 公开市场操作
　　by Currency Commission 货币委员会的～, 21, 24ff., 88, 111, 112, 140, 141, 146;
　　Federal Reserve System 联邦储备体系的～, 51, 129, 244;
　　ineffectiveness of ～无效, 105;
　　in foreign exchange 外汇中的～, 243;
　　under 100% System 100%制度下的～, 141
Opposition to 100% System 反对100%制度, 171
Over-Capacity 产能过剩, 120

Over-Indebtedness 过度负债, 120, 126;
　　causes of ～的原因, 130, 131;
　　obstacle to borrowing ～导致借款障碍, 183, 184
Over-Investment 过度投资, 120
Over-Production 过度生产, 120, 126;
　　of wheat 小麦的～, 198
Over-Saving 过度储蓄, 120
Over-Spending 超支, 120
Owen, Robert L. 罗伯特·L. 欧文, xiii

P

Paper Standards 纸币本位
　　stability of ～的稳定性, 189, 190
Patman, Wright 赖特·帕特曼, xiii, xv
Pearmain, John D. 约翰·D. 皮尔曼, xiv
Peel, Sir Robert 罗伯特·皮尔爵士, ix, 53
Persons, Warren M. 沃伦·M. 珀森斯, xiii
Phillips, Chester 切斯特·菲利普斯, 40
Platt, Edmund 埃德蒙·普拉特, 44
Pocket-Book Money 零用货币
　　Amount in circulation ～的流通量, 4;
　　Explanation of ～的解释, 3;
　　increase of ～的增加, 78;

withdrawal of 取出～, 6, 78, 182; 另见 Cash 现金, Currency 货币, Circulating Medium 流通媒介

Pomeroy, Robert W. 罗伯特・W. 波默罗伊, xiii

Population 人口

as criterion of money management ～作为货币管理的标准, 26, 244

Post Office 邮局

aid in small town deposit banking ～帮助小镇储蓄业务, 163;

checking accounts to be transferred to 支票账户转移到～, 240

Poteet, Gibbons 吉本斯・波特, xiv

Pound, Ezra 埃兹拉・庞德, xiv

Price Dislocations 价格错位, 120

Price Level 价格水平

as index of value of money ～作为货币价值指数, 197;

changes in the ～改变, 124, 125, 214;

confusions of price with 价格与～的混淆, 198;

control of 控制～, in several countries 几个世纪的～, 128;

depression and 萧条和～, 121, 122;

effect of velocity on 流通速度对～的影响, 102;

illusion of falling and rising ～下降和上升的幻觉, 180;

independent of loans ～独立于贷款, 182;

interest rates and 利率和～, 137, 138;

radicalism and 激进主义和～, 218, 219;

restoring the 恢复～, 109, 另见 Reflation 通货再膨胀;

stabilization of ～的稳定, 15, 95, 96ff., 98, 99, 100, 110, 111

Prices 价格

factors determining ～的决定因素, 196, 197;

confusion with price level ～与价格水平的混淆, 198

Profit Motive 利润动机

of Federal Reserve Banks 联邦储备银行的～, 158;

of Bank of England 英格兰银行的～, 159;

of Central Banks 中央银行的～, 159

Profits 利润

of banks 银行～, 154, 155;

during depressions 萧条期间的～, 121, 122;

from currency issue 货币发行的～, 209, 210;

leading to over-indebtedness 导致过度负债的～, 130, 131;

under 100% System 100% 制度下的～, 144;

Promissory Notes, replacing cash by 本票替代现金, 38, 41

Purchasing Power 购买力

    as criterion for stabilization 作为稳定标准的～, 25;

    restoring the dollar's 恢复美元的～, 109;

    另见 Reflation 通货再膨胀

"Purchasing Power of Money, The" cited《货币的购买力》引述, 56

Pyramid, inverted 倒置金字塔, of credit 信用的～, 50

R

Radicalism 激进主义

    and changes in the price level ～和价格水平的上涨, 218, 219

Rand, J. H., Jr. J. H. 兰德, quoted 引用, 206

Recovery 恢复

    connection of debt and 债务与～的关联, 105, 178;

    depending on long term loans ～依赖长期贷款, 149

Rediscounting 再贴现

    by the Currency Commission 货币委员会的～, 87, 88, 89, 203;

    by Federal Reserve System 联邦储备体系的～, 89;

    by member banks 成员银行的～, 51;

    need not increase volume of money 不需要增加货币量的～, 203

Rediscount Rate 再贴现率

    ineffectiveness of ～无效, 108

Reed, Harold L. 哈罗德·L. 里德, xiv

Reflation 通货再膨胀

    by Currency Commission 货币委员会的～, 15, 22, 99, 100, 109;

    effect on interest rate ～对利率的影响, 137;

    ideas regarding 有关～的观点, 184, 185, 244;

    necessary to stop depression 停止萧条的必要性, 128

Reforms 改革

    aside from banking reforms 除了银行改革以外的～, 217

Reserves 准备金

    danger of small 少量～的危险, 47, 77, 193, 194, 195;

    equal to deposits ～相当于存款, 67;

    excess of 超额～, 104, 105;

    legal limits of ～的法定限额, 40, 41, 49, 50, 57, 63, 64;

    lending ten times over 借款是～的10倍, 36ff.;

    of member banks 成员银行的～, vii, 49;

    of Federal Reserve Banks 联邦储备

银行的～, 49, 50, 68;
pooling of ～池, 50;
see-saw of ～的起伏不定, 52;
short loans caused by small 少量～导致短期贷款, 147, 148;
spilling over of ～的溢出, 40;
weakening of ～的弱化, 50;
另见 Cash Reserves 现金准备金, Reserve Requirements 准备金要求

Reserve Ratio 准备金率
effect of deposits on 存款对～的影响, 79;
effect of withdrawals on 取款对～的影响, 70-74

Reserve Requirements 准备金要求
evasion of 规避～, 23, 52, 53, 164, 165;
increasing the 提升～, 101;
legal 法定～, 40, 41, 49, 50, 57, 63, 64;
of bank notes 银行券的～, 57, 160;
of Federal Reserve notes 联邦储备券的～, 55, 57;
of deposits 存款的～, 57;
under the Federal Reserve System 联邦储备体系下的～, 49, 50;
另见 Liquidity 流动性, Reserves 准备金

Reynolds, Jackson E. 杰克逊·E. 雷诺兹, 190

Ricardo, David 大卫·李嘉图, 53
Riksbank 瑞典中央银行, 25
Risk 风险
of banking 银行～, reduction of 减少～, 154, 216;
of small reserves 少量准备金的～, 193, 194, 195

Roosevelt, President Franklin D. 富兰克林·D. 罗斯福总统, 30;
and the bankers ～和银行家们, 190;
bond buying under ～任内的证券购买, 105

Rooth, Governor Ivar 伊瓦尔·鲁思州长, 211

Runs on banks 银行挤兑, 11, 18, 48;
on time and savings deposits 对定期存款和储蓄存款的～, 241

S

Savings 储蓄
and the interest rate ～和利率, 92;
as source of loan funds 作为贷款资金来源的～, 90, 144, 145;
under the 100% System 在100%制度下的～, 17, 111, 136;
另见 Time Deposits 定期存款

Savings Banks 储蓄银行
cannot create deposit money ～不能创造存款货币, 46;
runs on ～挤兑, 165-168, 216;

另见 Investment Banks 投资银行
Savings Depositor 储蓄存款人, 90, 91
Savings Deposits 储蓄存款
 danger of withdrawals of ～提款的危险, 165-168;
 distinction from checking deposits ～不同于活期存款, 13, 168;
 equal to quick assets 相当于速动资产的～, 169;
 equal to investment 相当于投资的～, 12;
 as a means for evading 100% reserve-requirement ～作为规避100%准备金要求的一种手段, 23, 164, 165;
 risks of ～的风险, 165ff.;
 runs on ～挤兑, 241;
 under 100% System 在100%制度下的～, 240;
 velocity of ～的流通速度, 169
Schacht, Hjalmar 贾马尔·沙赫特, viii
Schultz, Henry 亨利·舒尔茨, xiii
Schumpeter, Joseph 约瑟夫·熊彼特, xiii
Scotch Fiars Prices 苏格兰法定粮价, 211
Service Charges 服务费
 of banks 银行～, viii, 22, 153, 157, 242
Short Selling 卖空
 by banks 银行～, 39

Shumberger, J. Calvin 卡尔文·J.舒伯格, xiii
Silver 白银, 27;
 changing the price of 改变～的价格, 21, 243;
 international settlements in 用～进行国际结算, 243
Silver Certificates 银元券, 27, 28
Silver Dollars 银元, 28
Silver, Subsidiary 白银辅币, 28
Simons, Henry C. 亨利·C.西蒙斯, xii
Snyder, Carl 卡尔·斯奈德, 97
Social Dividend 社会红利, 209
Socialism 社会主义
 100% System is not 100%制度不是～, 219
Soddy, Frederick 弗雷德里克·索迪, cited 引述, 204
Stabilization 稳定化
 by the Federal Reserve System 通过联邦储备体系, 205;
 criterion of ～准则, 21, 24, 25ff., 96ff.;
 during a war 战争期间的～, 112, 113, 114;
 in Sweden 瑞典的～, 96, 97, 98, 99, 103, 210, 211;
 internal 内部～, 191;
 international 国际～, 191;
 not Socialism ～非社会主义, 219;

索 引

of the price level 价格水平的～, 15, 95, 98, 99, 100, 101;
of the supply of money 货币供应量的～, 22, 180, 243, 244, 245;
under the 100% System 100% 制度下的～, 15, 21, 96ff., 103, 104, 108, 178ff.;
under the 10% System 10% 制度下的～, 139ff

"Stabilizing the Dollar,"《稳定美元》, cited 引述, 133, 211

"Stable Money,"《稳定货币》, cited 引述, 103, 210, 230, 231

Stable Money 稳定货币
the basis of the capitalist system ～制度的基础, 218, 219, 220

Staderman, Richard A. 理查德·A. 斯塔德曼, xiii

"Stamp Scrip,"《印花代币券》, cited 引述, 102

Stamp Scrip 印花代币券
experience with ～的经验, 168

Standard of Value 价值标准
control over 控制～, 215;
what is a ～是什么, 192

State Banks 州立银行
and deposits ～和存款, 165

Stewart, John R. 约翰·R. 斯图尔特, xiv

Strong, Governor Benjamin 本杰明·斯朗特行长
policy of ～的政策, 129, 139, 140, 205, 210, 211

Substitutes 替代物
of check-book money 支票货币作为～, 23, 164, 165

Supply and Demand 供求
law of ～规律, 196, 197;
of money 货币～, 197

Supreme Court 最高法院
of money 货币～, viii, 206

Sweden 瑞典
banking in ～的银行业, 164;
stabilization in ～的稳定化, 25, 27, 96, 97, 98, 99, 103, 210, 211;
unified banking system in ～的统一银行体系, 103

Sweeney, Congressman Martin L. 国会议员马丁·L. 斯威尼, xv

T

Taxation 税
reduction of 减免～, 157, 208

Technological Improvements 技术改进, 112

Telescope 望远镜
simile of ～的比喻, 106, 107

10% System 10%（准备金）制度
borrowers under ～下的借款人, 139;
causing booms and depressions ～造

成经济泡沫和萧条, 15, 120, 134, 179;

comparison with 100% System ～与100%制度相比, 172-179;

depositing money under ～下的存款货币, 79, 80;

frozen loans under 在～下冻结贷款, 149, 150;

interest rates under ～下的利率, 139ff., 142, 143, 144;

loans under ～下的贷款, 172ff.;

long-term loans under ～下的长期贷款, 149, 150;

real interest rates under ～下的实际利率, 138;

risk of banking under ～下的银行风险, 154;

withdrawal of money under 在～下提款, 70-74

"The Theory of Interest,"《利息理论》cited 引述, 137, 147

Time Deposits 定期存款

Conversion of 转换为～, 241;

loans corresponding to 与贷款对应的～, 94;

protection to 保护～, 240;

reserves behind ～背后的准备金, 242;

runs on ～挤兑, 241;

under 100% System 100%制度下的～, 240;

另见 Savings Deposits 储蓄存款

Trade 贸易

and depressions ～和萧条, 121;

and Stamp Scrip ～和印花代币券, 102

Transition to 100% System 过渡到100%制度, 23, 30, 54ff., 156ff., 241, 242;

and loans ～和贷款, 82, 83, 173;

not affecting volume of circulating medium ～不影响流通媒介的体量, 70

Treasury Notes 国库券, 27, 28

Troup, Philip 菲利普·特鲁普, xiv

Trust 信托

abuse of 滥用～, 19

Trust Companies 信托公司

function of ～的职能, 60;

manufacturing money ～制造货币 46;

另见 Banks 银行

Trust Fund 信托基金

treating deposits as 将存款视为～, 23, 30, 39;

100% reserve has status of 100%准备金具有～的地位, 194, 240

Tub 浴缸

simile of ～的比喻, 110

U

Under-Consumption 消费不足, 120

Under-Production 产出不足, 126
United States Notes 美国券, 28;
　　另见 Greenbacks 绿背美元

V

Value 价值
　　control of the unit of 控制～单位, 21;
　　stability of ～的稳定, 188, 189;
　　另见 Stabilization 稳定化
Vanderlip, Frank A. 弗兰克·A. 范德利普, xiv, 206
Velocity（流通）速度, 5, 14, 95, 244;
　　Contest for cash and 现金争夺和～, 78, 79;
　　control of 控制～, 101, 102;
　　depressions and 萧条和～, 122;
　　effect of interest on 利息对～的影响, 168;
　　savings deposits 储蓄存款的～, 169;
　　level and 价格水平和～, 102
Volume of Circulating Medmm 流通媒介的体量;
　　见 Circulating Medium 流通媒介

W

Wages Index 工资指数
　　during the World War 一战期间的～, 213

Waldeck, Herman 赫尔曼·沃尔德克, xiv
Wall Street 华尔街
　　management by ～管理, 214, 215;
　　另见 Banker Domination 银行家统治
War 战争
　　cause of inflations ～导致通货膨胀, 113;
　　100% System and 100% 制度和～, 112, 113, 114;
　　obstacle to stabilization ～是稳定的障碍, 112ff.
Warehouse Charges 仓储费用;
　　见 Service Charges 服务费
Wellborn, Maximilian B. 马克西米利安·B. 韦尔伯恩, xiv
Wescott, Ralph W. 拉尔夫·W. 韦斯科特, xv
Wheat 小麦
　　factors determining the price of ～价格的决定因素, 196, 197;
　　overproduction of ～的生产过剩, 198
Wiegand, E. L. E. L. 威甘德, xiv
Wild Cat, bank note issue 野猫银行券发行, 8, 52, 54, 57
Wilson, President Woodrow 伍德罗·威尔逊总统, 204
Windegger, F. R. von F. R. 冯·温德格先生, x, xi, quoted 引用, 166, 167,

168, 225-233
Wolff, Robert B. 罗伯特·B. 沃尔夫,
　xiv
Woolen, Evans 埃文斯·伍伦, xiv
World War 世界大战
　cost of ~的代价, 114;
　need not cause depression ~不必然
造成萧条, 132

Y

Yardstick 长度标准
　history of ~的历史, 98;
　stabilization of ~的稳定, 219
Young, Owen D. 欧文·D. 杨, xiv

经济学名著

第一辑书目

凯恩斯的革命	〔美〕克莱因 著
亚洲的戏剧	〔瑞典〕冈纳·缪尔达尔 著
劳动价值学说的研究	〔英〕米克 著
实证经济学论文集	〔美〕米尔顿·弗里德曼 著
从马克思到凯恩斯十大经济学家	〔美〕约瑟夫·熊彼特 著
这一切是怎么开始的	〔美〕W.W.罗斯托 著
福利经济学评述	〔英〕李特尔 著
增长和发展	〔美〕费景汉 古斯塔夫·拉尼斯 著
伦理学与经济学	〔印度〕阿马蒂亚·森 著
印度的货币与金融	〔英〕约翰·梅纳德·凯恩斯 著

第二辑书目

社会主义和资本主义的比较	〔英〕阿瑟·塞西尔·庇古 著
通俗政治经济学	〔英〕托马斯·霍吉斯金 著
农业发展：国际前景	〔日〕速水佑次郎 〔美〕弗农·拉坦 著
增长的政治经济学	〔美〕保罗·巴兰 著
政治算术	〔英〕威廉·配第 著
歧视经济学	〔美〕加里·贝克尔 著
货币和信用理论	〔奥地利〕路德维希·冯·米塞斯 著
繁荣与萧条	〔美〕欧文·费雪 著
论失业问题	〔英〕阿瑟·塞西尔·庇古 著
十年来的新经济学	〔美〕詹姆斯·托宾 著

第三辑书目

劝说集	〔英〕约翰·梅纳德·凯恩斯 著
产业经济学	〔英〕阿尔弗雷德·马歇尔 玛丽·佩利·马歇尔 著
马歇尔经济论文集	〔英〕阿尔弗雷德·马歇尔 著
经济科学的最终基础	〔奥〕路德维希·冯·米塞斯 著
消费函数理论	〔美〕米尔顿·弗里德曼 著

货币、就业和通货膨胀	〔美〕罗伯特·巴罗　赫歇尔·格罗斯曼 著
论资本用于土地	〔英〕爱德华·威斯特 著
财富的科学	〔英〕J.A.·霍布森 著
国际经济秩序的演变	〔美〕阿瑟·刘易斯 著
发达与不发达问题的政治经济学	〔美〕查尔斯·K.威尔伯 编

第四辑书目

中华帝国的专制制度	〔法〕魁奈 著
政治经济学的特征与逻辑方法	〔英〕约翰·埃利奥特·凯尔恩斯 著
就业与均衡	〔英〕阿瑟·塞西尔·庇古 著
大众福利	〔西德〕路德维希·艾哈德 著
外围资本主义	〔阿根廷〕劳尔·普雷维什 著
资本积累论	〔英〕琼·罗宾逊 著
凯恩斯以后	〔英〕琼·罗宾逊 编
价值问题的论战	〔英〕伊恩·斯蒂德曼　〔美〕保罗·斯威齐 等著
现代经济周期理论	〔美〕罗伯特·巴罗 编
理性预期	〔美〕史蒂文·M.谢弗林 著

第五辑书目

宏观政策	〔英〕基思·卡思伯森 著
经济学的边际革命	〔英〕R.D.C.布莱克 A.W.科茨 克劳弗德·D.W.古德温 编
国民经济学讲义	〔瑞典〕克努特·维克塞尔 著
过去和现在的政治经济学	〔英〕L.罗宾斯 著
1914年以后的货币与外汇	〔瑞典〕古斯塔夫·卡塞尔 著
政治经济学的范围与方法	〔英〕约翰·内维尔·凯恩斯 著
政治经济学论文五篇	〔英〕马尔萨斯 著
资本和收入的性质	〔美〕欧文·费雪 著
政治经济学	〔波兰〕奥斯卡·R.兰格 著
伦巴第街	〔英〕沃尔特·白芝浩 著

第六辑书目

| 对人进行投资 | 〔美〕西奥多·舒尔茨 著 |

经济周期的规律与原因	〔美〕亨利·勒德韦尔·穆尔 著
美国经济史 上卷	〔美〕福克讷 著
美国经济史 下卷	〔美〕福克讷 著
垄断资本	〔美〕保罗·巴兰,保罗·斯威齐 著
帝国主义	〔英〕约翰·阿特金森·霍布森 著
社会主义	〔奥〕路德维希·冯·米塞斯 著
转变中的美国经济	〔美〕马丁·费尔德斯坦 编
凯恩斯经济学的危机	〔英〕约翰·希克斯 著
就业理论导论	〔英〕琼·罗宾逊 著

第七辑书目

社会科学方法论探究	〔奥〕卡尔·门格尔 著
货币与交换机制	〔英〕威廉·斯坦利·杰文斯 著
博弈论与经济模型	〔美〕戴维·M.克雷普斯 著
英国的经济组织	〔英〕威廉·詹姆斯·阿什利 著
赋税论 献给英明人士 货币略论	〔英〕威廉·配第 著
经济通史	〔德〕马克斯·韦伯 著
日本农业的发展过程	〔日〕东畑精一 著
经济思想史中的经济发展理论	〔英〕莱昂内尔·罗宾斯 著
传记集	〔英〕约翰·梅纳德·凯恩斯 著
工业与贸易	〔英〕马歇尔 著

第八辑书目

经济学说与方法史论	〔美〕约瑟夫·熊彼特 著
赫克歇尔–俄林贸易理论	〔瑞典〕伊·菲·赫克歇尔 戈特哈德·贝蒂·俄林 著
论马克思主义经济学	〔英〕琼·罗宾逊 著
政治经济学的自然体系	〔德〕弗里德里希·李斯特 著
经济表	〔法〕魁奈 著
政治经济学定义	〔英〕马尔萨斯 著
价值的尺度 论谷物法的影响 论地租的本质和过程	〔英〕马尔萨斯 著
新古典宏观经济学	〔美〕凯文·D.胡佛 著
制度的经济效应	〔瑞典〕托斯坦·佩森 〔意〕吉多·塔贝林尼 著

第九辑书目

资本积累论	〔德〕罗莎·卢森堡 著
凯恩斯、布卢姆斯伯里与《通论》	〔美〕皮耶罗·V.米尼 著
经济学的异端	〔英〕琼·罗宾逊 著
理论与历史	〔奥〕路德维希·冯·米塞斯 著
财产之起源与进化	〔法〕保罗·拉法格 著
货币数量论研究	〔美〕米尔顿·弗里德曼 编
就业利息和货币通论	〔英〕约翰·梅纳德·凯恩斯 著 徐毓枬 译
价格理论	〔美〕米尔顿·弗里德曼 著
产业革命	〔英〕阿诺德·汤因比 著
黄金与美元危机	〔美〕罗伯特·特里芬 著

第十辑书目

货币改革论	〔英〕约翰·梅纳德·凯恩斯 著
通货膨胀理论	〔奥〕赫尔穆特·弗里希 著
资本主义发展的长波	〔比〕欧内斯特·曼德尔 著
资产积累与经济活动/十年后的稳定化政策	〔美〕詹姆斯·托宾 著
旧世界 新前景	〔英〕爱德华·希思 著
货币的购买力	〔美〕欧文·费雪 著
社会科学中的自然实验设计	〔美〕萨德·邓宁 著
马克思《资本论》形成史	〔乌克兰〕罗斯多尔斯基 著
如何筹措战争费用	〔英〕约翰·梅纳德·凯恩斯 著
通向繁荣的途径	〔英〕约翰·梅纳德·凯恩斯 著

第十一辑书目

经济学的尴尬	〔英〕琼·罗宾逊 著
经济学精义	〔英〕阿尔弗雷德·马歇尔 著
更长远的观点——政治经济学批判论文集	〔美〕保罗·巴兰 著
经济变迁的演化理论	〔美〕理查德·R.纳尔逊 悉尼·G.温特 著
经济思想史	〔英〕埃里克·罗尔 著
人口增长经济学	〔美〕朱利安·L.西蒙 著
长波周期	〔俄〕尼古拉·D.康德拉季耶夫 著

自由竞争的经济政策　　　　　　　　　〔美〕亨利·西蒙斯 著
社会改革方法　　　　　　　　　　　　〔英〕威廉·斯坦利·杰文斯 著
人类行为　　　　　　　　　　　　　〔奥〕路德维希·冯·米塞斯 著

第十二辑书目

自然的经济体系　　　　　　　　　　　〔美〕唐纳德·沃斯特 著
产业革命　　　　　　　　　　　　　〔美〕查尔斯·A.比尔德 著
当代经济思想　　　　　　　　　　　　〔美〕悉尼·温特劳布 编
论机器和制造业的经济　　　　　　　　〔英〕查尔斯·巴贝奇 著
微积分的计算　　　　　　　　　　　　　〔美〕欧文·费雪 著
和约的经济后果　　　　　　　　　〔英〕约翰·梅纳德·凯恩斯 著
国际经济政策理论（第一卷）：国际收支　〔英〕詹姆斯·爱德华·米德 著
国际经济政策理论（第二卷）：贸易与福利　〔英〕詹姆斯·爱德华·米德 著
投入产出经济学（第二版）　　　　　　〔美〕沃西里·里昂惕夫 著

图书在版编目（CIP）数据

百分百货币 /（美）欧文·费雪著；蒋豪，贺一杭译. —北京：商务印书馆，2023
（经济学名著译丛）
ISBN 978-7-100-22033-0

Ⅰ.①百… Ⅱ.①欧…②蒋…③贺… Ⅲ.①准备金制度—研究 Ⅳ.① F820.2

中国国家版本馆 CIP 数据核字（2023）第 037521 号

权利保留，侵权必究。

经济学名著译丛
百分百货币
〔美〕欧文·费雪 著
蒋 豪 贺一杭 译

商 务 印 书 馆 出 版
（北京王府井大街36号 邮政编码100710）
商 务 印 书 馆 发 行
北京艺辉伊航图文有限公司印刷
ISBN 978-7-100-22033-0

2023 年 5 月第 1 版	开本 850×1168 1/32
2023 年 5 月北京第 1 次印刷	印张 7⅞

定价：45.00 元